普 通 高 等 职 业 教 育 规 划 教 材
21世纪卓越汽车应用型人才培养专用教材

汽车空调系统故障诊断与维修

组 编 中锐教育研究院
主 编 秦 航 王秀梅

同济大学出版社
TONGJI UNIVERSITY PRESS

内 容 提 要

本书根据德国工商大会(IHK)教学模式和教学标准,结合中国汽车企业人才需求标准,将引进的德国汽车技术服务类课程经过本地化改编而成。内容组织上以工作过程系统化为导向,以学习情境为教学单元,将工作过程系统地映射到教学过程中。通过完成学习情境中设定的任务和项目,采用知识链接、制定方案、实施方案、检查评估等教学环节,达到培养学生专业能力、个人能力、社会能力的教学目标。

本书是中锐华汽教育推出的汽车技术服务类课程系列教材的第9个学习领域"汽车空调系统故障诊断与维修"。全书共分为6个学习情境,包括9个任务,9个项目,共36课时。内容包括:汽车空调维护,汽车空调制冷系统故障诊断与维修,汽车空调供暖系统故障诊断与维修,汽车空调通风系统故障诊断与维修,汽车手动空调控制系统故障诊断与维修,汽车自动空调控制系统故障诊断与维修。

本书可供高等职业院校汽车技术服务类专业学生课堂使用,随本书配套有相应的电子版教学资源文件包供广大师生教学和学习使用。

图书在版编目(CIP)数据

汽车空调系统故障诊断与维修/秦航,王秀梅主编.—上海:同济大学出版社,2014.8(2018.8重印)
ISBN 978-7-5608-5517-2

Ⅰ.①汽… Ⅱ.①秦…②王… Ⅲ.①汽车空调-故障诊断-高等职业教育-教材②汽车空调-车辆修理-高等职业教育-教材
Ⅳ.①U472.41

中国版本图书馆CIP数据核字(2014)第116455号

普 通 高 等 职 业 教 育 规 划 教 材
21世纪卓越汽车应用型人才培养专用教材

汽车空调系统故障诊断与维修

组 编 中锐教育研究院 **主 编** 秦 航 王秀梅 **主 审** 钱 强

责任编辑 陈佳蔚 **责任校对** 徐春莲 **封面设计** 王 璐 **项目执行** 陈佳蔚 朱 莉

出版发行 同济大学出版社 www.tongjipress.com.cn
(地址:上海市四平路1239号 邮编:200092 电话:021-65985622)
经 销 全国各地新华书店
印 刷 常熟大宏印刷有限公司
开 本 889mm×1194mm 1/16
印 张 7.75
印 数 5001-6000
字 数 248000
版 次 2014年8月第1版 2018年8月第5次印刷
书 号 ISBN 978-7-5608-5517-2

定 价 25.00元

序(一)

职业教育与普通教育的显著差别，在于职业教育是一种跨界的教育。职业教育所具有的这一跨界特征，集中表现在如下三个方面：

其一，校企合作的办学模式，跨越了传统的只有学校一个学习地点的围城，由此，职业教育既要关注学校教育的规律，还要关注企业教育的规律；

其二，工学结合的人才培养，跨越了传统的只有课堂一种学习方式的视域，由此，职业教育既要关注基于认知的学习方式，又要关注基于工作的学习方式；

其三，职业教育的培养目标，跨越了传统的只有教育一种社会功能的范畴，由此，职业教育既要关注教书育人张扬个性的教育目标，又要关注服务经济社会发展的目标。

纵观世界，凡是职业教育比较发达的国家，例如，德国、瑞士的"双元制"职业教育、澳大利亚的"技术与继续教育"等，正是由于其遵循了这一跨界的基本规律，都为各自国家经济、社会的发展，提供了大批高质量、高素质的技能人才，使得职业教育成为国家核心竞争力的要素。

任何类型的教育，课程始终是人才培养的核心。跨界的职业教育，其课程也必然要遵循跨界的基本规律。20世纪末，德国"双元制"职业教育对课程进行了全方位的改革，提出了被称为"学习领域"的课程方案。这是在对传统的、基于知识存储的学科系统指向的课程的革命性突破的基础之上，所提出的一种现代的、基于知识应用的工作过程导向的课程。

德国职业教育发展的这一宝贵经验，为中国职业教育的改革提供了学习和借鉴的参照。伴随着中国改革开放30多年的进程，中国职业教育如何才能为国家现代化建设培养大批既能满足经济发展需要，又能满足个性发展需要的高素质技能人才呢？为此，我国职业教育战线的有识之士，紧密结合国情，对此进行了卓有成效的探索。近十多年来，随着德国基于工作过程的学习领域课程的引入，也引发了我们对职业教育课程本质的思考：要实现企业需求与个性发展的集成，进而实现职业性与教育性的结合，一方面要求课程改革必须从知识的存储为主转向知识的应用为主；另一方面，还要求学习国外的经验必须从简单照搬转向借鉴创新。近年来，在课程改革的过程中，我们通过融入中国哲学思想的本土化尝试，在德国工作过程导向的课程方案的基础上，提出了工作过程系统化的课程方案，从而在理论创新和实践探索方面，都取得了较大的成效。

所谓工作过程系统化课程，其本质在于：第一，课程体系的构建必须遵循职业成长的规律和认知学习的规律，要把功利性的需求与人本性的发展结合起来；课程体系中的每一门课程，都是一个经过教育学的"模式化处理"的、源于实践而高于实践的完整的工作过程，课程名称采用动宾结构的词组而非纯名词的词组，以突显职业教育的特征；第二，每门课程的设计必须由三个以上的学习情境构成，旨在通过基于同一范畴的三个以上工作过程的比较学习，使学生通过"比较—迁移—内化"

的学习过程，获得思维方式的训练，以获得可持续发展的能力。在这里，学习情境的设计还要遵循两个重要原则：一是学习情境的设计必须具备典型的工作过程特征，即要突显不同职业的工作对象、内容、手段、组织、产品和环境等六个要素的特征，这是对已经存在的、与职业相关的具体工作过程的映射与把握，旨在使学生获得从业的职业能力；二是学习情境的设计还必须实现完整的思维过程训练，即要完成逐步增强的所谓资讯、决策、计划、实施、检查、评价的“六阶段”训练，这是对指导一切具体工作过程的“工作过程”——思维工作过程的概括与抽象，以应对未知的职业具体工作过程，旨在使学生获得致力于自身发展的方法论能力。

令人欣慰的是，近年来，工作过程系统化课程已逐渐为广大职业院校所认同。职业教育的课程，已逐渐摆脱传统的学科结构系统化课程的束缚，向着更加符合职业教育规律的工作过程系统化课程的改革方向前行。而更加令人高兴的是，除了教育部门的职业院校和经济部门的行业企业，在职业教育受到越来越多的社会各界重视和关注的同时，国内的一些教育集团或公司，更是对职业教育注入了极大的热情，并身体力行，在职业教育的课程开发和教学软件等方面，做出了很大贡献。

其中，致力于职业教育投资、管理和服务的中锐集团公司，就是众多成绩和效果都比较突出的公司中的一个。中锐集团公司顺应市场需求，以汽车职业教育为龙头，与国内40多所高校共建汽车职业教育汽车学院与实训基地，并结合国内汽车企业相关岗位的用人标准及国内高职院校的实际情况，在参照德国“工作过导向”的学习领域课程方案的基础上，根据我国自行开发的工作过程系统化课程的理论创新和设计思路，编写了一套相关教材。

例如，“汽车检测与维修专业”，首先，在课程体系的开发方面，设置了17个学习领域。这17个学习领域课程被分为三个学习阶段：第一阶段以学习汽车维护保养和机械结构检修为主，第二阶段以学习汽车电控系统检修为主，第三阶段以学习汽车综合故障诊断和整车性能检测为主。这样的递进安排遵循了由浅入深、由简单到复杂、由经验到策略的技能成长规律；其次，在每门课程的开发方面，又为每一学习领域设置了三个以上的学习情境，每一学习情境又都是一个完整的工作过程，遵循比较—迁移—内化的学习规律。

在逻辑上，这些学习情境之间具有平行、递进和包容等关系。比如，“汽油发动机管理系统故障诊断与维修”学习领域，设置了“空气供给系统检修”、“燃油供给系统检修”、“点火系统检修”、“排放系统检修”、“综合故障检修”等5个学习情境，前4个学习情境之间为并列关系，第5个情境与前4个情境为包容关系。每一学习情境的内部结构，也是按照完整的工作过程序化的，如在“空气供给系统检修”这个学习情境中，根据故障检修的实际工作顺序，又分为“空气流量计的检修”、“进气压力传感器的检修”、“节气门体的检修”三个阶段性的任务。

由于课程设计始终遵循“操作步骤重复而内容不重复”的工作过程系统化原则，通过对5个学习情境所体现的检修工作过程的比较，不仅能使学生把握“空气供给系统检修”的具体工作过程，而且能逐渐把握“资讯、决策、计划、实施、检查、评价”的思维工作过程。其中，在“资讯”环节给出汽修行业操作规范的共性的操作步骤；在“计划”和“实施”环节，要求学生结合在教学中使用的多种不同实训车型，制定出差异化的工作计划并实施；然后通过对不同实训车型的重复多次的操作，不仅可使学生达到职业要求的熟练操作程度，而且又通过对不同实训车型制定不同实施方案的比较学习，有利于培养学生应对同一工作过程中出现的不同情况而采用不同处理方法的能力，最终实现由经验型技能向策略型技能的跃迁。

中锐教育集团在研发这套教材的同时，还开发出了配套的教学设备和教学软件，实现了课程教材、教学设备、教学软件三个教学元素的一体化。这就使得职业教育的课程开发、教学实施，获得了相关教学资源的支撑。

总之，这套教材不仅引入了德国的“双元制”职业教育理念，而且结合了中国汽车行业对人才的需求和岗位要求，体现和反映了中国汽车行业的一些特点。

真诚希望中锐教育集团公司这套教材的出版，能对我国汽车职业教育的教学改革和创新有所裨益，也期待有更多的教育公司等社会机构，参加和参与职业教育。

同样，祈望各位读者朋友们，也能对这套教材提出宝贵的意见和建议。

升级版的中国经济发展，呼唤着升级版的职业教育，让我们为之奋斗吧！

（教育部职业技术教育中心研究所研究员）

2013 年 7 月 20 日

Vorwort

Gerne komme ich der herzlichen Einladung der Chiway Education Group Shanghai nach, dieses Vorwort zu verfassen.

Bereit seit Jahren verfolge ich äußerst interessiert die Entwicklung der Chiway Education Group Shanghai im Bereich der beruflichen Bildung. Dabei beindruckt mich insbesondere ein derzeit laufendes, innovatives Berufsbildungsmodell, das sich durch die Kooperation zwischen Industrie und Schule auszeichnet.

Der Austausch und die Kooperation zwischen China und Deutschland im Bereich der beruflichen Bildung entwickelnin einer sehr positiven Art in schnellen Schritten immer weiter. Die AHK widmet sich dabei intensiv dem Transfer dualer Prinzipien des bewährten deutschen Systems der dualen Berufsausbildung nach China.

Nach mehrjährigen Erfahrungen bei der Übertragung und Durchführen wurde immer klarer, dass wir in China andere Voraussetzungen als in Deutschland vorfinden. Daher kann und darf das deutsche System der dualen Berufsausbildung nicht einfach kopiert werden.

Jedoch hat die Idee der dualen Berufsausbildung in China bereits fruchtbaren Boden gefunden um sich weiter zu entwickeln und alle beteiligten Parteien wie berufliche Schulen, Berufsbildungsgruppen und Unternehmenkönnen davon profitieren.

Chiway, als eine markführende Berufsbildungsgruppe hat bereits viele interessante Erfahrungen mit dem Berufsbildungsmodell gesammelt und konnte dadurch große Erfolge erzielen. Bildungsaktivitäten wie Curriculum Entwicklung, Unterricht, Zusammenstellung der Lehrbücher, Einführen der praktischen bzw. Betrieblichen Ausbildung seien hier beispielhaft angeführt.

Durch den Aufbau einer strategischen Kooperationspartnerschaft mit der AHK stärkt Chiway zugleich die Kooperation und den Austausch mit Deutschland im Bereich der beruflichen Bildung.

In Deutschland benutzt man eine Vielzahl von Lernmaterialien, unter anderem sollen die Schüler Arbeitsaufträge erledigen und Arbeitsblätter bearbeiten. Bereits in die Unterrichtsvorbereitung muss der Lehrer viel Arbeit und pädagogisches Geschick legen. Im Unterricht werden die Schüler arbeitsprozessorientiert herangeführt, Arbeitsblätter zu bearbeiten, Arbeitsaufträge zu erledigen, und Projekte selbstständig durchzuführen. Hierdurch stehen die Schüler im Unterricht im Mittelpunkt und werden zum aktiven Lernen motiviert.

Die Situationen in Deutschland sind anders als in China, auch der Markt in Deutschland ist anders, d. h. der Markt in Deutschland dafür reifer als in China. Die deutschen Arbeitsaufträge oder Arbeitsblätter einfach unverändert in chinesische Lehrbücher zu übernehmen kann sicherlich nicht erfolgreich sein. Daher hat Chiway die deutschen Ideen zur dualen Berufsbildung, die vom Ausbildungsumfeld und den betrieblichen Bedürfnissen ausgehen aufgegriffen und innovativ auf die chinesischen Verhältnisse angepasst.

Die praxisorientierte Durchführung der Berufsausbildung durch Chiway bringt uns viele wertvolle Erfahrungen beim Transfer der deutschen Berufsbildung nach China. Die innovative Entwicklung der chinesischen Berufsbildung wird davon profitieren und sich auszahlen.

Ich wünsche Chiway weiterhin viel Erfolg im Bereich der beruflichen Bildung.

Britta Buschfeld
2013.7

序(二)

应上海中锐教育集团盛情之邀，为这套教材作序。实际上近些年个人一直在关注中锐的职业教育工作，吸引我的是其正在实践和创新的产教合作职教模式。

中德之间在职业教育领域的交流和合作一直在蓬勃进行当中，德国工商会也一直致力于把德国的职业教育体系双元制原则引入到中国。经过不断的尝试和实践，我们发现，中国与德国国情不同，无法照搬照抄德国双元制职业教育体系，但双元制的职业教育理念在中国获得了丰富的土壤，职业院校、职教集团、用人企业都获益匪浅。中锐作为一家领先的职业教育集团，在职业教育模式上做了很多有趣的尝试并获得了很大的成果，其中就包括在课程开发、教学、教材编写、学生实习实训等教育活动中引入德国的双元制职业教育理念。同时，中锐也通过与德国工商大会上海代表处建立战略合作关系加强了与德国职业教育领域的合作和交流。

实际上，原汁原味的德国职教模式在教学中使用多种素材，其中包括项目单或工作页，教师在课下做足功夫，课堂上按照项目教学法及面向工作过程教学法引导学生完成项目单或工作页内容的填写，充分发挥学生在教学中的主体作用，调动学生学习的主动性和积极性。中国与德国国情不同，汽车市场的发育成熟度也不一样，在教材内容的选择上，简单照搬德国项目单或工作页上的内容显然是行不通的。对此，中锐在引进和吸收德国职业教育的思想和理念基础上，根据教学环境、企业需求等实际情况进行了本土化的创新。

中锐的职教实践为我们总结出了很多值得借鉴的德国职教模式中国本土化的宝贵经验。中国职业教育的创新发展必能从中获益。

祝愿中锐教育集团在职业教育领域再创辉煌！

Britta Buschfeld
（德国工商大会职业培训与教育总监）
2013年7月

前　言

随着我国汽车产业的不断发展，汽车空调成了标准配置，而高端车型的汽车空调也融入了更多的新技术，对汽车空调维修人员也有了越来越多的需求。本学习领域以工作任务为导向，通过带领学生完成汽车空调常见故障的众多任务和项目，使学生掌握汽车空调系统的功能、原理、检修方法，并具备实际动手的能力。本学习领域是培养汽车空调维修技师岗位的核心课程。

本学习领域根据汽车维修企业维修汽车空调的典型工作任务，结合汽车空调系统故障诊断和维修的特点，按照由简到难、由浅入深的原则，共划分了6个学习情境，包括9个任务，9个项目。内容包括：汽车空调维护，汽车空调制冷系统故障诊断与维修，汽车空调供暖系统故障诊断与维修，汽车空调通风系统故障诊断与维修，汽车手动空调控制系统故障诊断与维修，汽车自动空调控制系统故障诊断与维修。本课程以各系统常见故障现象为切入点，分析功能原理与检修方法，合理划分和安排各个任务及项目。在教学中侧重学员的动手操作、动手检修能力的培养，最终达到排除故障的目的。

本学习领域通过情境导入、知识链接、制定方案、实施、检查与评估、课后作业等教学环节完成教学内容。其中，知识链接为后续的制定方案、实施、评估等环节的开展奠定理论基础，做好相应知识储备；制定方案是根据知识链接中的理论指导，对需要完成的项目进行整体规划和安排，并给学生布置相应的任务；方案实施环节则是整个教学过程的核心，是让学生根据制定的方案一步步完成实际操作，并记录操作过程和操作结果；检查与评估等环节是在整个任务完成后，先由学生对自己所完成的实施过程和结果进行自我检查，以发现和认识实施过程中的不足和漏洞，然后由教师对学生的实施情况进行综合评估；最后通过课后作业的形式，让学生对课堂上所制定并实施的方案作进一步完善，以达到查漏补缺、举一反三和拓宽知识面的目的。

本书由中锐教育集团秦航、王秀梅主编。在本书的编写过程中，机械工业教育发展中心主任陈晓明、教育部职业技术教育中心研究所研究员姜大源、德国工商大会(IHK)上海代表处职业培训与教育总监白丽塔(Britta Buschfeld)等给予了指导并提出了许多宝贵意见，在此深表感谢。

由于编者水平和能力有限，书中难免会出现一些错误，敬请广大师生谅解和批评！

编　者
2014年6月

目 录

序(一)

Vorwort

序(二)

前言

学习情境1 汽车空调维护 …… 1

任务1 汽车空调制冷剂的回收与加注 …… 3

任务描述 …… 3

项目 汽车空调制冷剂回收加注机使用 …… 3

检查与评估 …… 16

任务2 汽车空调制冷剂泄漏检查 …… 17

任务描述 …… 17

项目 汽车空调制冷剂的检漏 …… 17

检查与评估 …… 23

学习情境2 汽车空调制冷系统故障诊断与维修 …… 25

任务1 汽车空调制冷效果差故障诊断 …… 27

任务描述 …… 27

项目 汽车空调制冷效果差的故障诊断 …… 27

检查与评估 …… 34

任务2 汽车空调压缩机的拆检 …… 36

任务描述 …… 36

项目 拆检汽车空调压缩机 …… 36

检查与评估 …… 43

学习情境3 汽车空调供暖系统故障诊断与维修 …… 45

任务 汽车空调系统热交换器的拆检 …… 47

任务描述 …… 47

项目 检查汽车空调冷暖风门拉线和开关 …… 47

检查与评估 …… 57

学习情境4　汽车空调通风系统故障诊断与维修 …… 59
任务1　汽车空调粉尘和花粉滤清器的拆卸和安装 …… 61
任务描述 …… 61
项目　更换汽车空调粉尘和花粉滤清器及汽车空调滤清器 …… 61
检查与评估 …… 68
任务2　拆装汽车空调风机 …… 69
任务描述 …… 69
项目　拆装汽车空调风机 …… 69
检查与评估 …… 76
学习情境5　汽车手动空调控制系统故障诊断与维修 …… 79
任务　汽车空调不制冷的检测 …… 81
任务描述 …… 81
项目　汽车手动空调制冷控制系统的检修 …… 81
检查与评估 …… 96
学习情境6　汽车自动空调控制系统故障诊断与维修 …… 99
任务　汽车自动空调控制系统检测与维修 …… 101
任务描述 …… 101
项目　大众帕萨特自动空调控制系统的检修 …… 101
检查与评估 …… 109

学习情境1　汽车空调维护

学习目标

1. 学会汽车空调的日常维护；
2. 学会汽车空调制冷剂的加注与回收；
3. 掌握汽车空调制冷剂泄漏的检测方法

情境导入

车　　型：丰田卡罗拉；

行驶里程：20万km；

出厂时间：2002年9月。

故障现象：

车辆半年未行驶，制冷效果欠佳，出风凉爽度不够。现客户要求对空调系统进行全面的维护。

故障分析：

空调制冷不足的故障主要有制冷系统故障、配气系统故障和控制系统故障。检测车辆发现出风口正常出风，压缩机、冷凝风扇、风机、蒸发器等正常工作。初步分析故障原因主要是空调制冷剂发生了泄漏

任务1　汽车空调制冷剂的回收与加注

任务描述

一、学习目标

1. 掌握汽车空调系统的组成；
2. 了解汽车空调制冷剂与冷冻机油的类型；
3. 掌握汽车空调制冷剂回收加注机 AC350C 的使用方法

二、学习内容

1. 汽车空调系统的组成；
2. 汽车空调制冷剂的认知；
3. 汽车空调冷冻机油的认知；
4. 汽车空调制冷剂回收加注机 AC350C 的使用

项目　汽车空调制冷剂回收加注机使用

一、知识链接

1. 汽车空调系统的组成

汽车安装空调系统的目的是为了调节车内空气的温度、湿度，改善车内空气的流动性，提高空气的清洁度。因此，汽车空调系统主要由制冷系统、暖风系统、配气系统及控制系统四大部分组成。

1）制冷系统

制冷系统对车内空气或由外部进入车内的新鲜空气进行冷却或除湿，使车内空气变得凉爽舒适。

制冷装置由压缩机、冷凝器、储液干燥器、膨胀阀、蒸发器、冷凝器散热风扇、制冷管道、制冷剂等组成,如图 1－1 所示。

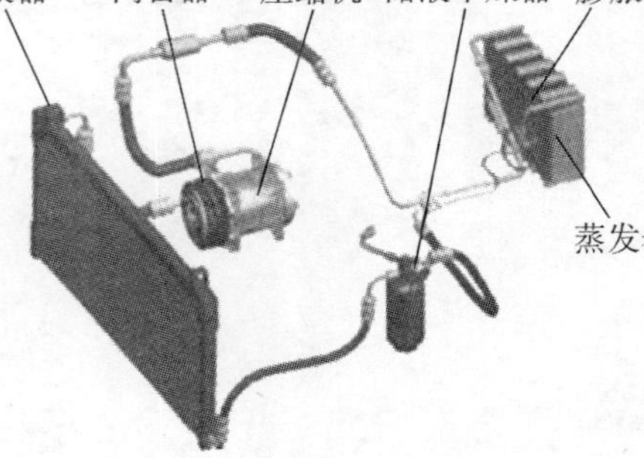

图 1－1　空调系统的组成

2）暖风系统

暖风系统对车内空气或外界新鲜空气进行加热,达到取暖或除霜的目的,如图 1－2 所示。

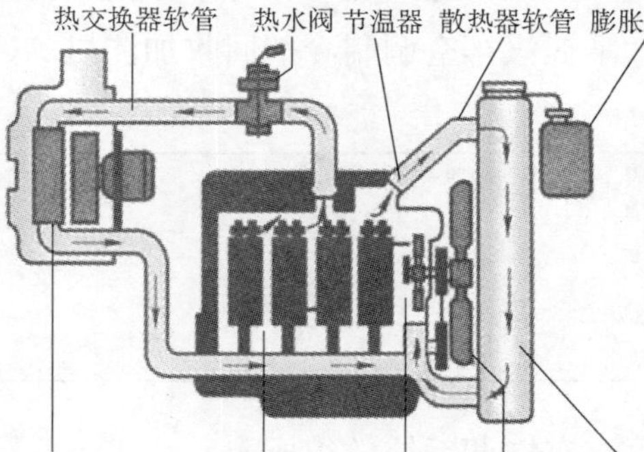

图 1－2　暖风系统

3）配气系统

配气系统将外部新鲜空气吸进车内,起通风和换气作用。同时,通风对防止风窗玻璃起雾也起着良好作用。它由进气模式风门、风机、混合气模式风门、气流模式风门、导风管等组成,如图 1－3 所示。

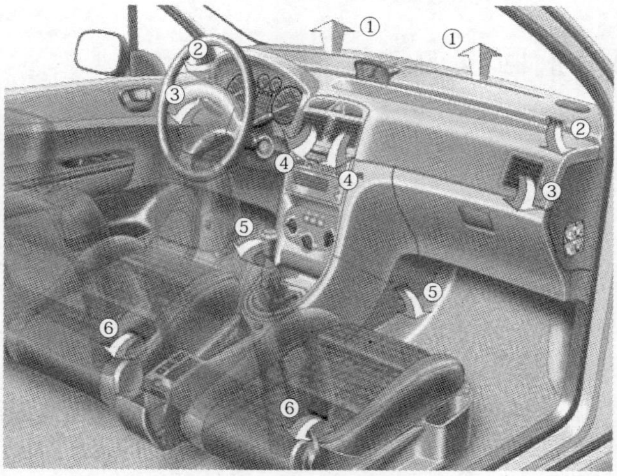

图 1－3　配气系统

1—前风窗玻璃除霜或除水气通风口；2—前风窗玻璃除霜或除水气通风口；
3—侧面通风口；4—中间通风口；5—前排下部通风口；6—后排下部通风口

4）控制系统

控制系统分为手动控制系统、半自动控制系统和自动控制系统3种。对汽车空调其他3个系统进行综合控制，使其能正常工作并尽可能优化，从而维持车厢内所需的舒适性条件。

2. 制冷剂

1）制冷剂的定义

在制冷系统中用于转换热量并且循环流动的物质称为制冷剂。

汽车空调都是采用蒸汽压缩式制冷原理实现制冷的。液态制冷剂在蒸发器中低温下吸取被冷却对象的热量而气化，使被冷却对象得到降温。然后，气态制冷剂又在高温下把热量传给周围介质而冷凝成液体。如此不断循环，借助于制冷剂的状态变化，达到制冷目的。

目前汽车空调系统使用的制冷剂，通常有R12、R134a。英文字母R是Refrigerant（制冷剂）的简称，其数字代号使用的是美国制冷工程师协会（ASRE）编制的代号系统。

制冷剂的种类很多，理论上只要能进行气液两相转换的物质，均可作为蒸发制冷系统的制冷剂。但寻找制冷效率高，且对环境没有污染的制冷剂却很困难。目前使用的R134a只是R12的替代品，其排放物产生的温室效应仍然对环境有较大的危害。

2）R12制冷剂

汽车空调中曾广泛使用的制冷剂R12，如图1－4所示，分子式为CF_2Cl_2，化学名称为二氟二氯甲烷，是一种较为理想的制冷剂。主要特性如下：

（1）无色、无刺激性臭味。一般情况下不具有毒性，对人体没有直接危害。不燃烧、无爆炸危险；热稳定性好。

（2）R12是一种中压制冷剂，正常蒸发温度小于0℃，冷凝器压力小于1.5～2.0 MPa，由于压力不是很高，降低了对冷凝器结构强度的要求。在大气压下，R12的沸点为－29.8℃，凝固温度为－158℃，能在低温下正常工作。节流后损失小，有较大的制冷系数。

图1－4　R12制冷剂

R12是一种易于制造，原料来源丰富，价格相对低廉且可以回收重复使用的制冷剂。只是它对大气同温层的臭氧层有很强的破坏作用，因此，目前已经被新的制冷剂所替代。

3）R134a制冷剂

图1－5　R134a制冷剂

R134a制冷剂（图1－5）的主要特性如下：

（1）热物理性。R134a的热力学性能，包括分子量、沸点、临界参数、饱和蒸气压和汽化潜热等，均与R12相近，具有无色、无臭、不燃烧、不爆炸、基本无毒的特性。

（2）传热性能。R134a制冷剂的传热性能优于R12。

（3）相容性。用R134a替代R12后，原有的压缩机润滑油（简称压缩机油）必须更换。这是因为R134a本身与矿物油是非相容的，必须使用合成润滑油来取代，如PAG类润滑油等。否则，系统将会损坏。

（4）分子直径比R12略小，易通过橡胶向外泄露，也较易被分子筛吸收。

(5) R134a 的吸水性和水溶解性高。

4) 使用制冷剂的注意事项

(1) 在制冷系统中水的存在是有害的,必须采取严格的防水措施,才能保证系统正常工作。防水措施主要有以下三个方面:

① 使用纯度高的制冷剂;

② 在装配或维修制冷系统后,一定要严格地抽真空;

③ 选含水量小于 0.002%的冷冻机油,而且要防止加注冷冻机油时侵入水。

(2) 装制冷剂的钢瓶,应贮存在阴凉、干燥、通风的库房中,防止受潮而腐蚀钢瓶,在运输过程中要严防震动和撞击。

(3) 要远离热源,不要存放在日光直射的场所或炉子附近。在充灌制冷剂时,对装制冷剂的容器加热,应在 40℃以下的温水中进行,而不可将其直接放在火上烘烤。否则,会引起内贮的制冷剂压力增大,导致容器发生爆炸。

(4) 避免接触皮肤。因制冷剂在大气环境下会急剧蒸发,当其液体落到皮肤上时,会从皮肤上大量吸热而汽化,造成局部冻伤。尤其危险的是,当其进入眼球时,会冻结眼球中的水分,造成可能失明的重大事故。因此,在处理制冷剂时,应戴上眼镜和防护手套。若制冷剂触及眼睛,应尽快用冷水冲洗,不要用手或手帕揉眼,如有痛感时,可用稀硼酸溶液或 2%以下的食盐水冲洗;如触及皮肤,应立即用大量清水冲洗,并马上涂敷凡士林,面积大时应立即到医院治疗。

(5) 要避开明火。制冷剂不会燃烧和爆炸,但与明火接触时,会分解出对人体有害的气体(光气)。

(6) 要注意通风良好。当制冷剂排到大气中含量超过一定量时,会使大气中的氧气浓度下降而使人窒息。因此,在检查和添加制冷剂时,或打开制冷系统管路时,要在通风良好的地方进行操作。

3. 冷冻机油

冷冻机油是制冷压缩机的专用润滑油,它保证压缩机正常运转、可靠工作和延长使用寿命。其在空调制冷系统中的作用如下:

(1) 润滑作用。压缩机是高速运动的机器,轴承、活塞、活塞环、曲轴、连杆等机件表面需要进行润滑,以减少阻力和磨损,延长使用寿命,降低功耗,提高制冷系数。

(2) 密封作用。汽车使用的压缩机传动轴需要油封来密封,防止制冷剂泄漏。有了润滑油,油封才起到密封作用。同时,活塞环上的润滑油,不仅起减摩作用,而且起密封压缩机蒸气的作用。

(3) 冷却作用。运动的摩擦表面会产生高温,需要用冷冻机油来冷却。冷冻机油冷却不足,会引起压缩机温度过热,排气压力过高,降低制冷系数,甚至烧坏压缩机。

(4) 降低压缩机噪声。

1) 对冷冻机油的性能要求

冷冻机油在空调制冷系统中完全溶于制冷剂中,并随制冷剂一起在制冷系统中循环。因此,冷冻机油的温度有时会超过 120℃,而制冷剂的蒸发温度范围为 -30℃～10℃,使冷冻机油工作在高温与低温交替的条件下。为保证其工作正常,对冷冻机油提出以下性能要求。

(1) 冷冻机油的凝固点要低,在低温下具有良好的流动性。若低温流动性差,则冷冻机油会沉积在蒸发器内影响制冷能力,或凝结在压缩机底部,失去润滑作用而损坏运动部件。

(2) 冷冻机油应具有一定的黏度，且受温度的影响要小。温度升高或降低时，其黏度随之变小或增大。与冷冻机油完全互溶的制冷剂会使冷冻机油变稀，因此应选用黏度较高的冷冻机油；但黏度也不宜过高，否则，需要的起动转矩增大，压缩机起动困难。所以，冷冻机油的黏度要选择适当。

(3) 冷冻机油与制冷剂的溶解性能要好。在汽车空调制冷系统中，制冷剂与润滑油是混合在一起的。当制冷剂流动时，润滑油也随之流动，这就要求制冷剂与润滑油能够互溶。若二者不互溶，润滑油就会聚集在冷凝器和蒸发器的底部，阻碍制冷剂流动，降低换热能力。由于润滑油不能随制冷剂返回压缩机，压缩机将会因缺油而加剧磨损。

(4) 冷冻机油的闪点温度要高，具有较高的热稳定性，即在高温下不氧化、不分解、不结胶、不积炭。

(5) 冷冻机油应无水分。若润滑油中的水分过多，则会在膨胀阀节流口处结冰，造成冰堵，影响系统制冷剂的流动。同时，油中的水分会使冷冻机油变质分解，腐蚀压缩机材料。

2) 冷冻机油的使用及性能检查

(1) 必须严格使用原车空调压缩机所规定的冷冻机油牌号，或换用具有同等性能的冷冻机油，不得使用其他油来代替，否则，会损坏压缩机。

(2) 冷冻机油吸收潮气能力极强，所以，在加注或更换冷冻机油时，操作必须迅速，如没有准备好，不能立刻加油时，不得打开油罐，在加注完后应立即将油罐的盖子封紧贮存，不得有渗透现象。

(3) 不能使用变质的冷冻机油。冷冻机油变质的原因是多方面的，归纳起来有如下几方面：

① 混入水分后，在氧气作用下会生成一种油酸性质的酸性物质，腐蚀金属零部件。这种油酸物质是絮状物质。

② 高温氧化，当压缩温度过高时，油被氧化分解而炭化变黑。

③ 不同牌号的油混合使用时，由于不同牌号的冷冻机油所加的氧化剂不同而产生化学反应，引起变质，破坏了各自的冷冻机油。

(4) 冷冻机油是不制冷的，还会妨碍热交换器的换热效果，所以，只允许加到规定的用量，绝不允许过量使用，以免降低制冷量。

(5) 在排放制冷剂时要缓缓进行，以免冷冻机油和制冷剂一起喷出。

4. 常用工具

1) 制冷剂注入阀

制冷剂注入阀(图 1-6)用来开启密封的空调制冷剂罐，在开启的过程中还要保证密封性要好，不能泄漏。

使用方法：将制冷剂注入阀与制冷剂罐连接旋紧，按顺时针的方向手动旋转上端的阀门，中心的钢针会随着旋转向下运动直至打破制冷剂罐，再逆时针选择阀门，释放出罐里的制冷剂。

图 1-6 制冷剂注入阀

2) 真空泵

真空泵(图 1-7)的作用是抽取吸收管路里的气体，在管路中形成真空。

使用方法：连接好空调压力表，接通好工作电源，打开真空泵开关，即可开始对制冷剂管路内进行抽真空工作。

图 1－7　真空泵

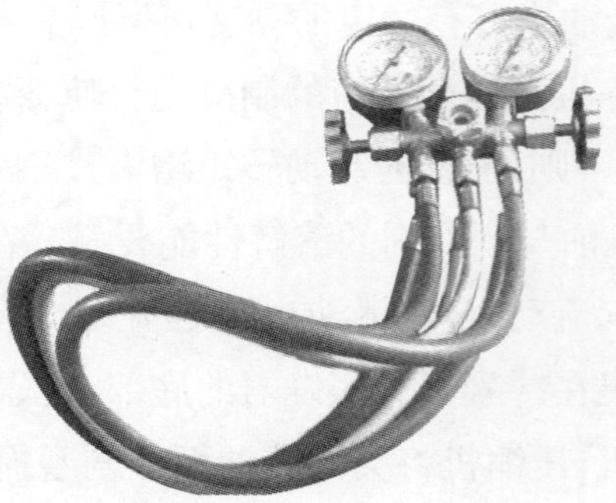

图 1－8　空调压力表

3）空调压力表组

空调压力表组(图 1－8)用来测量制冷剂系统的压力，以及加注制冷剂。将蓝色表对应的软管通过快速接头与系统低压阀门连接；红色表对应的软管通过快速接头与系统高压阀门连接。

(1) 测量系统压力的方法

起动车辆，打开空调至最冷，风机风量最大，车窗门全部打开。关闭表上高低压侧阀门，将蓝色表对应的软管通过快速接头与系统低压阀门连接；红色表对应的软管通过快速接头与系统高压阀门连接。读取表上的数值即为当前系统内的制冷剂压力。

(2) 加注制冷剂的方法

打开表上面高低压侧阀门，将蓝色表对应的软管通过快速接头与系统低压阀门连接并打开；红色表对应的软管通过快速接头与系统高压阀门连接并打开，连接真空泵将系统内抽为真空状态。关闭表上的高低压阀门，连接制冷剂罐与压力表，用制冷剂注入阀打开制冷剂罐，排掉空气后将制冷剂由高压侧注入待两边平衡后关闭高压阀门。起动车辆，打开空调至最冷，风机风量最大，车窗门全部打开。打开低压阀门继续加注制冷剂，直至到达车辆指定加注量。关闭空调，车辆熄火，关闭表上阀门，断开快速接头。

5. 空调制冷剂回收加注机的认知

制冷剂回收加注机 AC350C，如图 1－9、图 1－10 所示。

注意：第一次使用时，工作罐需要初始化。

图 1－9　制冷剂回收加注机 AC350C

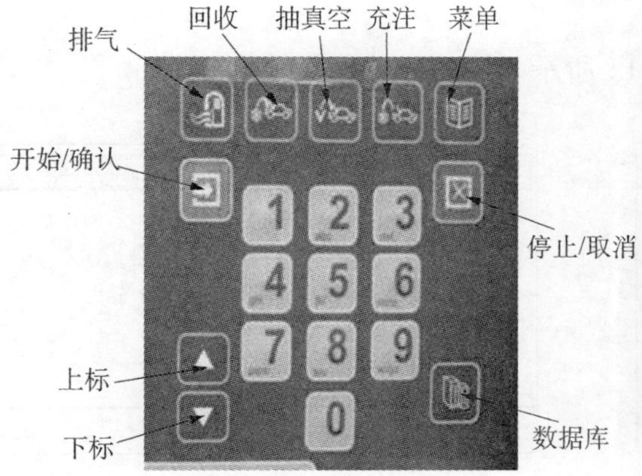

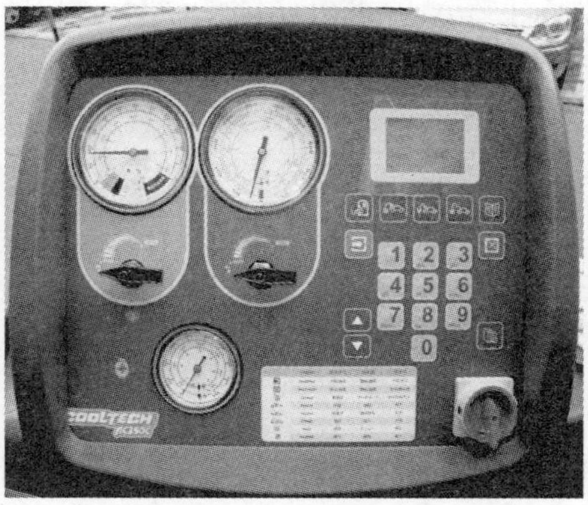

图 1－10　AC350C 控制面板

6. 制冷剂的加注

1）机器准备

（1）打开机器，进入系统，显示工作罐质量，如图 1－11 所示，并将回收前的罐重数值记录在回收数据表中。

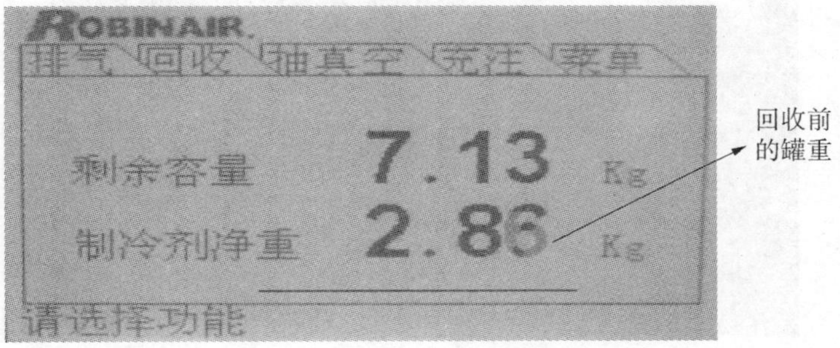

图 1－11　AC350C 显示屏（工作罐质量显示）*

（2）连接高、低压管，分别将高低压软管接头顺时针连接在回收机接口上，如图 1－12 所示。注意：红管为高压，篮管为低压。高压接头比低压接头粗。

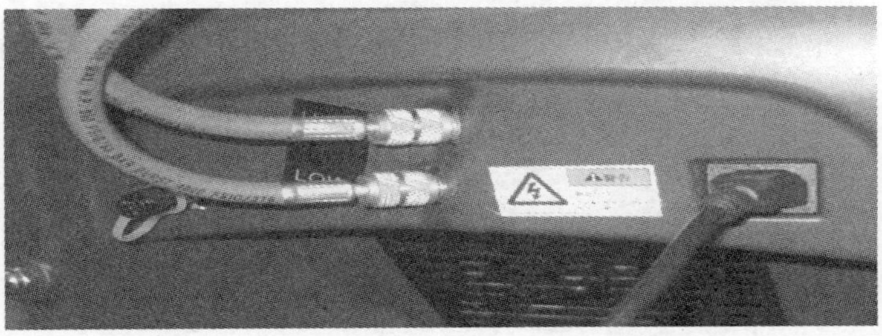

图 1－12　AC350C 高低压管道连接位置

2）排气

* 显示屏上的 Kg 按规范应为 kg。下同。——编者注。

(1) 排放工作罐中不可压缩的气体。

(2) 按“排气”键,即开始排气 2 s,如图 1－13 所示。

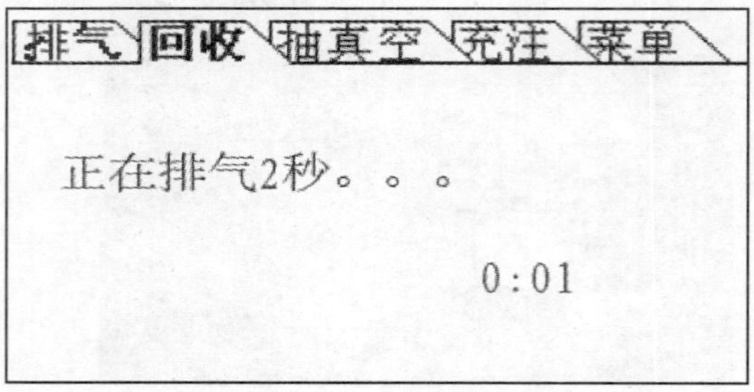

图 1－13　AC350C 显示屏(排气显示)(1)

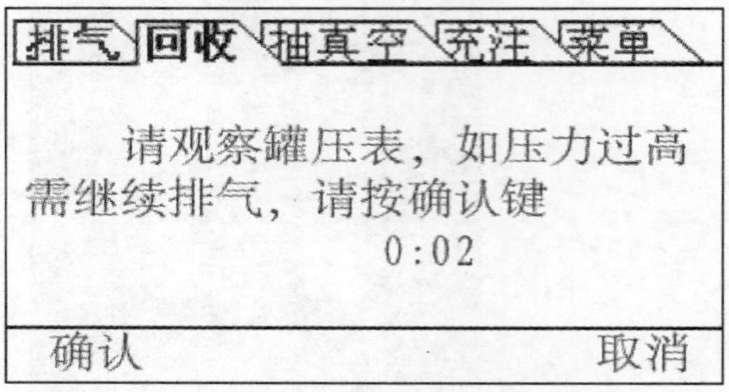

图 1－14　AC350C 显示屏(排气显示)(2)

(3) 2 s 完成后显示屏显示,如图 1－14 所示,按“确认”键继续排气,按“取消”键退出排气。

3) 制冷剂回收作业准备

(1) 自检漏。

注意:指针应指在负压(－90 kPa)下,如不在负压下,说明回收机或管路有泄漏,如图 1－15 所示。

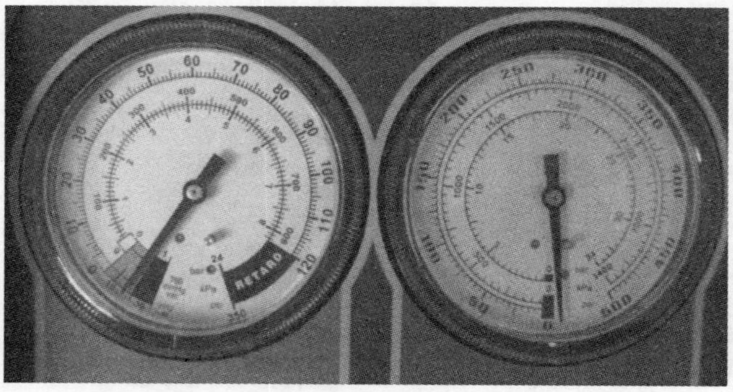

图 1－15　AC350C 高低压表

检漏完成后,仪器自动进入保压状态,如图 1－16 所示。

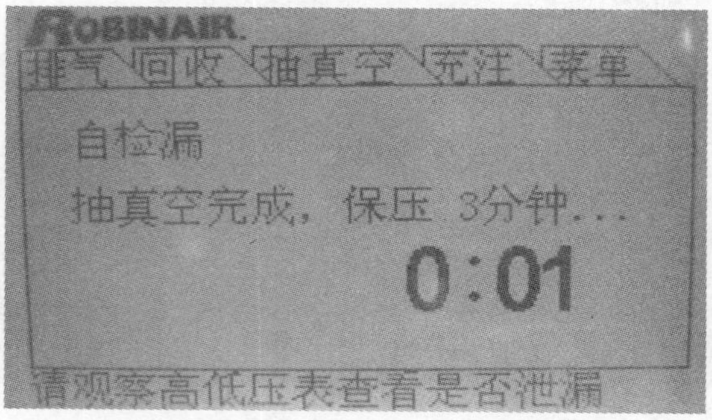

图 1－16　AC350C 显示屏(保压显示)

保压完成后,根据界面提示观察高低压压力表的读数。

注意:指针回升,说明系统有泄漏。

(2) 启动汽车空调运行,如图 1－17 所示。

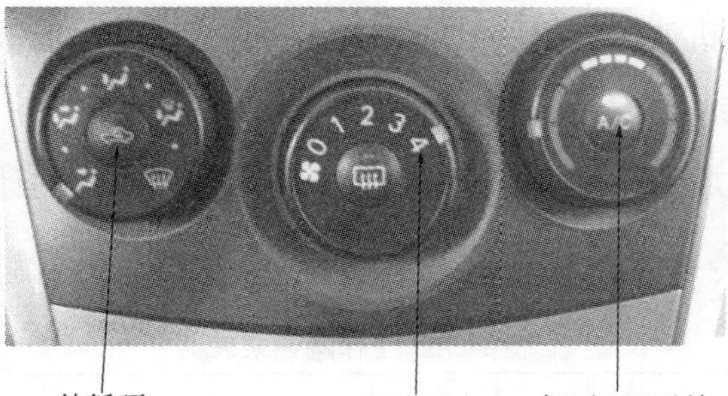

图 1－17　汽车空调控制旋钮

(3) 按“数据库”键，根据车型，查找数据库，如图 1－18 所示。然后按数字键“1”，选择“SPX 数据库”，如图 1－19 所示。

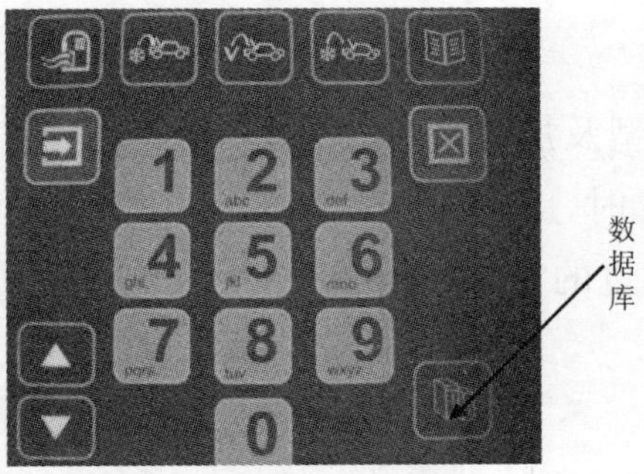

图 1－18　AC350C 按钮面板

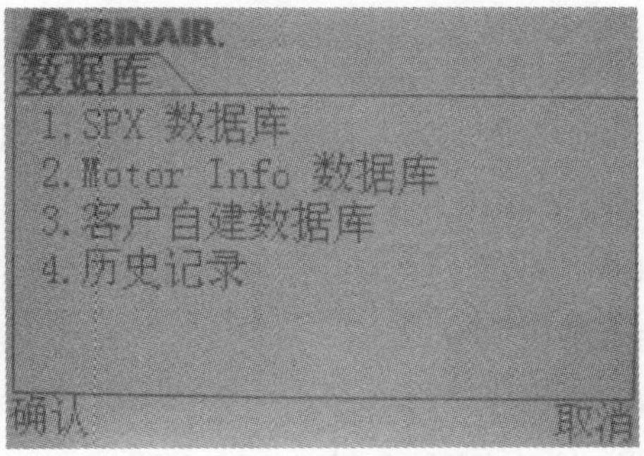

图 1－19　AC350C 显示屏(数据库显示)

依次选择车型、年款、发动机型号排量、空调数据库显示车辆制冷剂型号及制冷剂量，如图 1－20所示。

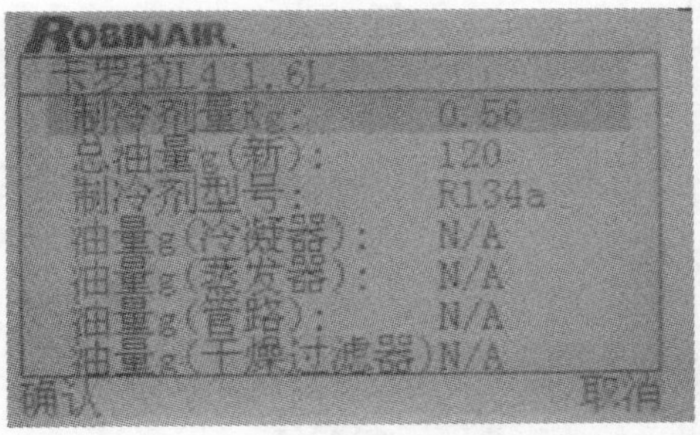

图 1－20　AC350C 显示屏(车辆情况显示)

图 1－21　AC350C 高低压管道车辆连接位置

4) 制冷剂回收作业

按菜单要求，进行管路连接，将高低压快速接头正确连接至制冷系统的检测接口，如图 1－21 所示。

注意：(1) 顺时针拧开高低压开关时，速度应慢一些，防止冷冻机油被制冷剂带出系统。

(2) 在回收过程中，应不断地观察压力表指针，当压力到达负压时，压缩机在抽真空。应及时按“取消”键，停止回收，防止损坏回收机中的压缩机。回收结束后，显示回收的制冷剂量，仪器准备进行排废油。排油瓶表面有刻度，查看排油瓶内的废油液面并记录。冷冻机油回收量的计算公式如下：

冷冻机油回收量 = 回收后的液面 − 回收前的液面

(3) 应等待一段时间，待废油无气泡后进行观察。

查看回收后工作罐重量并记录，如表 1－1 所示。制冷剂回收量的计算公式如下：

制冷剂回收量 = 回收后的罐重 − 回收前的罐重

表 1－1　工作罐记录表

名称		数值	回收量
制冷剂	回收前的罐重		
	回收后的罐重		
冷冻机油	回收前的液面		
	回收后的液面		

5) 加注制冷剂

查阅车辆使用手册，确认制冷装置中制冷剂的类型及加注量。检查工作罐中的制冷剂质量，当质量不足 3 kg 时，应予以补充，如图 1－22 所示(工作罐内制冷剂达到加注量的 3 倍，即可满足加注要求)。

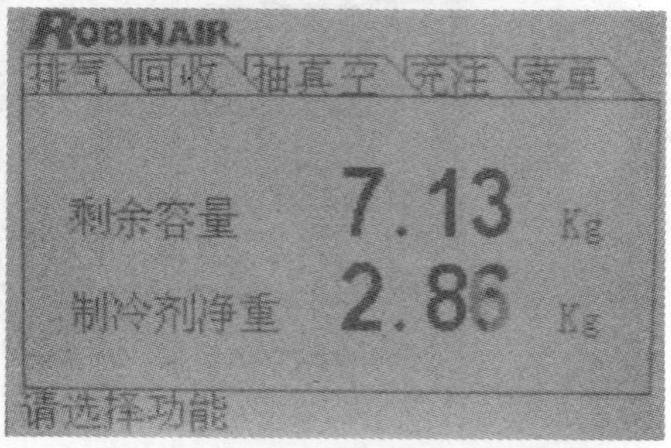

图 1－22　AC350C 显示屏(制冷剂显示)

(1) 抽真空

抽真空前，检查压力表示值，制冷装置中的压力应低于 70 kPa。如超过该压力，应重新进行回收操作，直到压力达到要求。保护仪器中的真空泵，不要因压差太大而损坏。在达到要求的真空度时，应继续抽真空操作，持续时间应不少于 15 min，以充分排除制冷装置中的水分。按数字键选择抽真空时间。

注意：抽真空至系统真空度低于 − 90 kPa。观察高低压表，表针无回升。

(2) 补充冷冻机油

计算补充量：排出量 20 mL。选择与系统同一型号的冷冻机油。在压缩机的标牌上查找系统冷冻机油的型号，如图 1－23 所示。

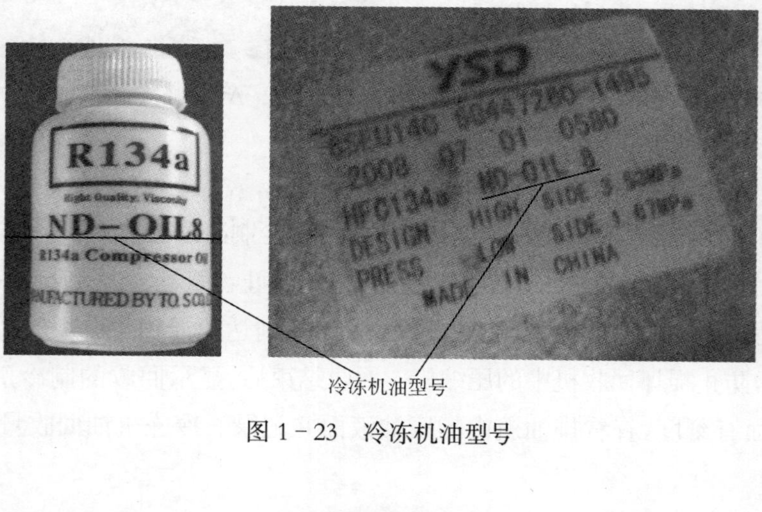

图 1－23　冷冻机油型号

6）注意事项

（1）回收加注冷媒之前，应先用冷媒鉴别仪确定冷媒的种类。

（2）将高压管与冷媒罐相连，打开阀门，按“回收”键，按“确认”键。回收重量为3 kg即可。

（3）空调制冷系统高低压管路认知，将低压软管（蓝色）可靠连接至制冷系统低压侧上的检修阀（位于压缩机与蒸发器之间低压管路上），高压软管（红色）可靠连接至制冷系统高压侧上的检修阀（位于储液干燥器上），如图1－24所示。

图1－24 车辆高低压管连接

二、制定方案

根据情境导入中的案例，需要对汽车空调制冷剂加注回收机进行使用。教师在组织教学的过程中，根据丰田卡罗拉空调制冷剂回收加注机（AC350C）的使用方案，让学生从实训中掌握汽车空调制冷剂加注回收机的使用方法，如表1－2所示。

表1－2 丰田卡罗拉空调制冷剂回收加注机使用方案表

	丰田卡罗拉空调制冷剂回收加注机使用方案	
车辆信息描述	车辆描述	丰田卡罗拉
	故障现象	无
设备/工具/耗材要求	丰田卡罗拉乘用车1辆，两柱举升机1台，翼子板布1套，三件套1套，零件推车1辆，手套1副，护目镜1副	
安全要求及注意事项	1. 车辆正前方不要站人； 2. 车辆起动人员要把驻车制动拉起来，必须把换挡手柄置于空挡位置，并踩下离合器踏板，自动挡的车要位于P挡或N挡； 3. 工作时注意实训设备及学员的安全防护工作	

续 表

	丰田卡罗拉空调制冷剂回收加注机使用方案
工作步骤	1. 鉴定车辆所使用的制冷剂及冷冻机油类型; 2. 设置制冷剂加注回收机 AC350C; 3. 连接高低压管路; 4. 回收制冷剂; 5. 排油并记录所排除的冷冻机油量; 6. 抽真空; 7. 加注制冷剂; 8. 拧松管接头、拆下高低压管路; 9. 清洗管路,关闭制冷剂加注回收机 AC350C; 10. 对实训场地的 5S 管理

教师对学生进行分组,每组选出一个小组长,小组长根据小组成员任务分工不同,确定不同任务的责任人。小组成员任务的划分可以参考下面的小组任务分配表,如表 1－3 所示。

表 1－3　小组任务分配表

	小组任务	个人职责(任务)	小组成员
1	任务前期准备工作	鉴定车辆所使用的制冷剂类型,连接高低压管路	
2	制冷剂的回收	设置汽车空调制冷剂回收加注机 AC350C,记录相应数据	
3	抽真空	操作 AC350C,对空调进行抽真空	
4	加注制冷剂	操作 AC350C,对空调进行制冷剂的加注	
5	对实训场地的 5S 管理	整理仪器及设备,打扫场地卫生	

实训中如果没有该车型,可以参考丰田卡罗拉空调制冷剂回收加注机使用方案和维修手册,制定该车型空调制冷剂回收加注机使用方案,如表 1－4 所示。

表 1－4　汽车空调制冷剂回收加注机使用方案表

	________乘用车空调制冷剂回收加注机使用方案	
车辆信息描述	车辆描述	
	故障现象	
设备/工具/耗材要求		

续 表

	________乘用车空调制冷剂回收加注机使用方案
安全要求及注意事项	
工作步骤	

三、实施

依据制定方案实施，并填写项目单，如表 1－5 所示。

表 1－5　实训结果项目表

车型：

检测项目	检测结果
鉴定车辆所使用的制冷剂类型	
制冷剂回收加注机 AC350C 工作罐重量	
制冷剂回收量	
冷冻机油回收量	
制冷剂的加注量	
冷冻机油的加注量	

四、作业

1. 通过实训后完善本任务的实施方案。

2. 简述用歧管压力表加注制冷剂的方法。

检查与评估

1. 学生自我检查

学生通过对任务 1 的学习，独立结合实训车辆填写学习情况检查表(表 1 - 6)，以检测自己对任务 1 学习的掌握情况。

表 1 - 6 学习情况检查表

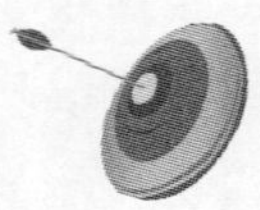	下列说法正确的画“√”，错误的画“×”	
1	掌握汽车空调制冷剂的类型	
2	掌握汽车空调冷冻机油的加注量	
3	掌握汽车空调制冷剂回收加注机 AC350C 的操作方法	

2. 指导教师评估

指导老师在整个教学过程中，关注每个活动小组的工作过程以及小组成员的动手能力，并对小组成员的动手能力进行考核，如表 1 - 7 所示。

表 1 - 7 指导教师评估表

	考核量化指标	分值(总分)	学生得分
1	能够掌握汽车空调制冷剂的类型	20	
2	能够掌握汽车空调冷冻机油的加注量	25	
3	能够正确操作汽车空调制冷剂回收加注机 AC350C	25	
4	实施方案制定情况	20	
5	团队协作能力	10	
总计			

任务2 汽车空调制冷剂泄漏检查

任务描述

一、学习目标

	1. 掌握汽车空调系统的维护步骤； 2. 了解汽车空调制冷剂的检漏方法； 3. 掌握汽车空调制冷剂检漏仪的使用方法

二、学习内容

	1. 汽车空调系统的维护； 2. 汽车空调制冷剂的检漏方法； 3. 汽车空调制冷剂检漏仪的使用

项目 汽车空调制冷剂的检漏

一、知识链接

所谓汽车空调的维护，即是通过汽车空调系统定期检查和调整，以维护其最佳工作状态性能。

1. 汽车空调系统的二级维护项目

1）制冷循环系统

（1）检视高、低压管道的螺栓应紧固不松动；软管表面应无起泡、老化或破损现象；硬管焊接处应无裂纹或渗漏现象；与其他机件有无发生碰擦干涉现象。用检漏仪检测各管道接头处有无泄漏。

(2) 检视膨胀阀。膨胀阀应无堵塞,感温包应作用正常,膨胀阀应能根据温度的变化而自动调节制冷剂的供给量。

(3) 检视储液干燥过滤器。在制冷系统正常工作时,其表面应无露珠或挂霜现象。更换干燥剂(可拆式)或根据需要换储液干燥过滤器总成(不可拆式)。

(4) 检查、清洁蒸发器和冷凝器,检查全部固定螺栓、螺母蒸发器、冷凝器应无渗漏,散热片应无折弯、无尘土杂物堵塞现象,蒸发器、冷凝器应无裂纹,各固定螺栓、螺母应齐全、紧固、可靠。

(5) 检视制冷剂量。制冷系统工作时,观察视液镜,应无气泡流动现象。发动机转速为 2 000 r/min,风机以最高速旋转和制冷选用最强挡的条件下,系统的工作压力应为:低压侧0.147~0.2 MPa,高压侧 1.4~1.5 MPa。

2) 压缩机

(1) 更换压缩机冷冻机油,并清洁或更换油滤网压缩机润滑油,油面高度应达到视液镜的上部边缘或原厂规定标准,油滤网应清洁,无杂物堵塞或缺损现象,磁铁应完好有效。

(2) 检视进、排气阀开闭是否灵活,作用是否正常。

(3) 检视轴衬处不应有渗漏现象。

3) 电器系统

(1) 检视冷凝器和蒸发器的风机。各风机工作应正常、无异响,叶片应无裂损,固定螺栓、螺母应齐全、牢固、有效。冷凝器风机与冷凝器散热片应无干涉现象。

(2) 检视高、低压压力开关。高压开关在压力大于 2.2 MPa 时,应能切断通向电磁离合器的供电,当压力小于 2 MPa 时能自动复位;低压开关在压力小于 0.2 MPa 时,应能切断通往电磁离合器的供电,当压力大于 0.2 MPa 时能自动复位。

(3) 检视电磁离合器。电磁离合器离合应良好,无打滑现象,离合器轴承在旋转时应无偏摆拖滞现象。

(4) 检查风机。应工作正常、可靠。

4) 其他

(1) 检查紧固件。有无损伤,如发现松弛则应加以紧固。

(2) 检查三角带。其张力和磨损程度。

(3) 检查 V 带张紧轮。能否圆滑旋转。

(4) 检查空气过滤网。更换空气过滤网。

2. 制冷系统的检漏

由于汽车空调制冷系统各部件及管路均采用可拆式联接,压缩机也是如此。而制冷剂的渗透能力很强,因此制冷系统的泄漏是不可避免的。据统计,汽车空调不制冷或制冷不足故障中,70%~80%是由系统泄漏所造成的,因此制冷系统的检漏作业在汽车空调维修作业中是十分重要的一个环节。检漏需求有:加注制冷剂之前检漏(系统检漏);加注制冷剂之后检漏(加注阀处);竣工检验期间,在制冷装置工作状态下,用检漏设备检测加注阀处有无泄漏。

目前常用的检漏方法主要有以下几种:

1) 目测检漏法

目测检漏法是指用肉眼查看制冷系统各部位(特别是制冷系统的管接头)是否有润滑油渗漏痕迹的一种检测方法。因为制冷剂与冷冻机油互溶,所以在泄漏处必然也带有冷冻机油,因此制冷系统管道有油迹的部位就是泄漏处。若发现某处有油污,可进一步擦拭后再检查,如仍有油污出现,即是泄漏。

2）检漏仪器检漏

检漏仪器检漏是汽车空调检漏作业中最常用、最主要的检漏手段,即用卤素检漏灯(图 1－25)或电子卤素检漏仪(图 1－26)对制冷系统各部件或连接管路进行检漏。

图 1－25　荧光式检漏仪 16380

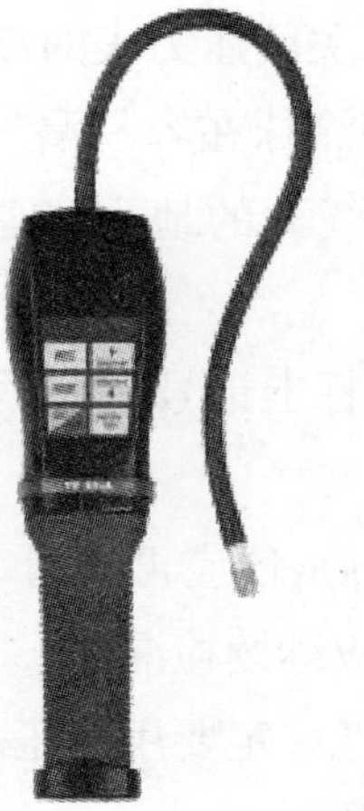

图1－26　电子卤素检漏仪 TIFXP－1A

采用检漏仪检漏的前提是制冷系统管路内必须有一定压力(98～294 kPa 以上)的制冷剂。因此在进行检漏作业之前,应适当加入一定量的制冷剂(对轿车空调来说,在抽真空作业进行完成后,从高压侧注入 200 g 左右的液态制冷剂即可),或不放出系统内原有的制冷剂以备检漏之用,如图 1－27所示。

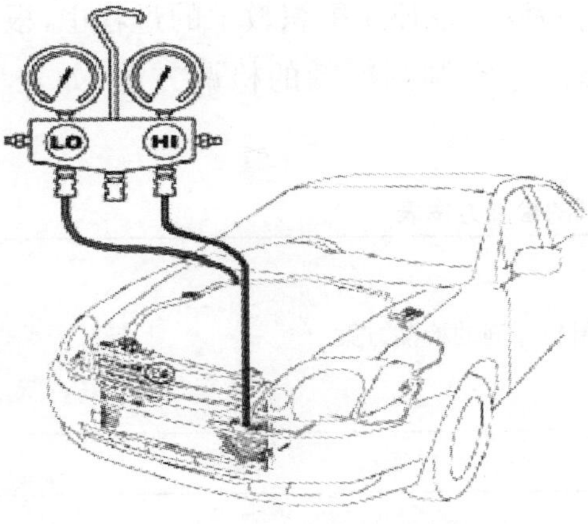

图 1－27　检查系统密封性

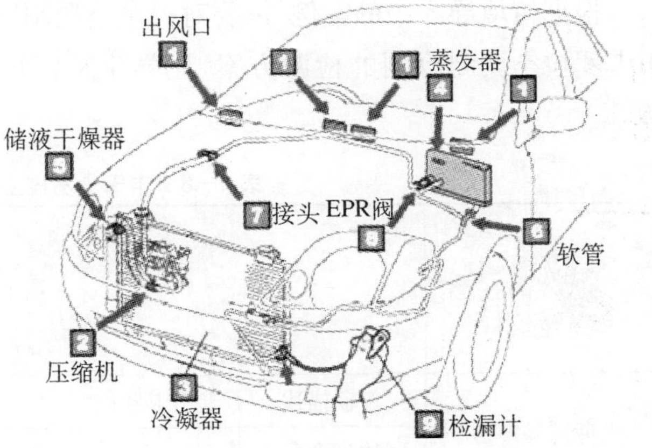

图 1－28　主要可能泄漏的部位

需要重点检漏的部位(图 1－28)主要有:

(1) 拆修过的制冷系统部件及各联接部位;

(2) 压缩机轴封、前后端盖密封垫、检修阀和过热保护器；

(3) 冷凝器散热片及制冷剂进出联接管口；

(4) 制冷系统各管路及联接部位。

3) 压力检漏法

(1) 正确连接歧管压力表，在空调系统没有制冷剂的情况下，将歧管压力表低压软管的快速接头连接到空调制冷系统的低压检修阀上，高压软管的快速接头连接到高压检修阀上，之后把中间软管连接到氮气瓶上。

(2) 将氮气瓶打开，随后打开歧管压力表的高、低压阀，向系统内充注干燥的氮气，当压力达到1.2～1.5 MPa时，关闭压力表的高、低压阀。

(3) 用肥皂液涂抹在容易漏气的管路接头处或焊接处，仔细观察有无气泡，有气泡涌入的地方即为漏气处，漏气大的地方经常伴有微小声音，并出现大量气泡，漏气小的地方，则间断出现小泡。

(4) 对漏气处标上记号，并反复检查几次，直到全部漏气处都找到，对漏气处加以维修或更换零部件。

(5) 维修完毕后，还应再试漏，让空调系统保持压力24～48 h。若压力不下降，则检修成功；若压力稍有降低，还应继续检漏。

注意：瓶装氮气一定要用减压表才能充注。

4) 抽真空检漏法

在抽真空作业完成之后，不要急于加注制冷剂，而是保持系统真空状态一定的时间(一般数十分钟至数小时)后，观察歧管压力计上的低压表真空度是否发生变化。如真空指示没有变化，则说明系统无泄漏；如真空指示回升，则说明系统有泄漏。这种方法只能判断系统有无泄漏，而无法具体指示泄漏部位，因此只用于加注制冷剂前的初步检漏。

二、制定方案

根据情境导入中的案例，需要对汽车空调制冷剂进行检漏。教师在组织教学的过程中，根据丰田卡罗拉空调制冷剂的检漏方案，让学生从实训中掌握汽车空调制冷剂的检漏方法，如表1-8所示。

表1-8　丰田卡罗拉空调制冷剂的检漏方案表

	丰田卡罗拉空调制冷剂的检漏方案	
车辆信息描述	车辆描述	丰田卡罗拉
	故障现象	无
设备/工具/耗材要求	丰田卡罗拉整车1辆，两柱举升机1台，翼子板布1套，三件套1套，零件车1辆，手套1副，制冷剂电子式检漏仪1个	

续 表

	丰田卡罗拉空调制冷剂的检漏方案
安全要求及注意事项	1. 车辆正前方不要站人； 2. 车辆起动人员要把驻车制动拉起来，必须把换挡手柄置于空挡位置，并踩下离合器踏板，自动挡的车要位于P挡或N挡； 3. 工作时注意实训设备及学员的安全防护工作
检测步骤	1. 启动车辆空调，开制冷、风速最大； 2. 准备好检漏仪； 3. 沿空调制冷管路依次检查； 4. 对有泄漏处进行仔细检测； 5. 排除泄漏点、更换管路、密封圈及接头； 6. 对实训场地的5S管理

教师对学生进行分组，每组选出一个小组长，小组长根据小组成员任务分工不同，确定不同任务的责任人。小组成员任务的划分可以参考下面的小组任务分配表，如表1－9所示。

表1－9 小组任务分配表

	小组任务	个人职责(任务)	小组成员
1	任务前期准备工作	车辆的准备及检漏仪的检查	
2	制冷剂泄漏的检查	使用检漏仪	
3	泄漏部分的标记	对泄漏部分进行标记	
4	对实训场地的5S管理	整理仪器及设备，打扫场地卫生	

实训中如果没有该车型，可以参考丰田卡罗拉汽车空调制冷剂的检漏方案和维修手册，制定该车型汽车空调制冷剂的检漏方案，如表1－10所示。

表1－10 汽车空调制冷剂的检漏方案表

	________乘用车空调制冷剂的检漏方案	
车辆信息描述	车辆描述	
	故障现象	
设备/工具/耗材要求		

续 表

	________乘用车空调制冷剂的检漏方案
安全要求及注意事项	
检测步骤	

三、实施

依据制定方案实施，并填写项目单，如表 1-11 所示。

表 1-11 实训结果项目表

车型：	
检测项目	检测结果
检漏仪型号	
制冷剂泄漏部位	

四、作业

1. 通过实训后完善本任务的实施方案。

2. 简述电子检漏仪的使用方法。

检查与评估

1. 学生自我检查

学生通过对任务2的学习，独立结合实训车辆填写学习情况检查表(表1-12)，以检测自己对任务2学习的掌握情况。

表1-12 学习情况检查表

	下列说法正确的画“√”，错误的画“×”	
1	掌握汽车空调系统的维护	
2	掌握汽车空调制冷剂的检漏方法	
3	掌握汽车空调制冷剂检漏仪器的操作方法	

2. 指导教师评估

指导老师在整个教学过程中，关注每个活动小组的工作过程以及小组成员的动手能力，并对小组成员的动手能力进行考核，如表1-13所示。

表1-13 指导教师评估表

	考核量化指标	分值(总分)	学生得分
1	能够掌握汽车空调系统的维护步骤	20	
2	能够掌握汽车空调制冷剂的检漏方法	25	
3	能够正确操作汽车空调制冷剂检漏仪	25	
4	实施方案制定情况	20	
5	团队协作能力	10	
总计			

学习情境 2　汽车空调制冷系统故障诊断与维修

学习目标

1. 了解汽车空调系统的组成；
2. 熟悉汽车空调制冷系统的工作原理；
3. 掌握汽车空调系统压力检测方法；
4. 掌握汽车空调压缩机拆装步骤和方法；
5. 掌握汽车空调压缩机电磁离合器检测方法

情境导入

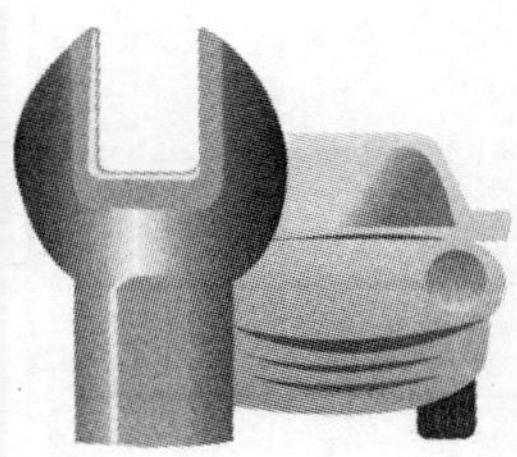

车　　型：大众捷达；
行驶里程：20 万 km；
出厂时间：2002 年 9 月。

故障现象：

一辆捷达轿车，车主反映打开空调 A/C 开关时，空调制冷效果较差，并在车辆前方伴有尖锐叫声。

故障分析：

车辆制冷效果差可能是由于空调制冷剂缺失导致，打开 A/C 开关车辆有尖锐叫声可能是由于压缩机电磁离合器工作不良导致，根据故障现象对空调制冷剂系统压力和压缩机电磁离合器进行检查

任务1　汽车空调制冷效果差故障诊断

任务描述

一、学习目标

	1. 熟悉汽车空调制冷系统组成及工作原理； 2. 掌握汽车空调制冷系统正常工作压力； 3. 掌握汽车空调制冷系统压力检测方法

二、学习内容

	1. 汽车空调制冷系统的零部件认知； 2. 汽车空调制冷系统工作原理； 3. 汽车空调制冷系统压力检测

项目　汽车空调制冷效果差的故障诊断

一、知识链接

1. 制冷系统

1) 制冷系统的作用

制冷系统主要是对车内空气或由外部进入车内的新鲜空气通过蒸发器进行冷却或除湿，再通过管道和各出风口送风，使车内空气变得凉爽舒适。

2) 制冷系统的组成

制冷系统主要由压缩机、冷凝器、储液干燥器、膨胀阀（节流阀）、蒸发器、电子风扇、风机及管路等主要部件组成。各部件通过耐压、耐温的金属管或橡胶软管，依照制冷循环连接成一个封闭系统。系统内充有一定量的制冷剂，其连接方式如图 2-1 所示。

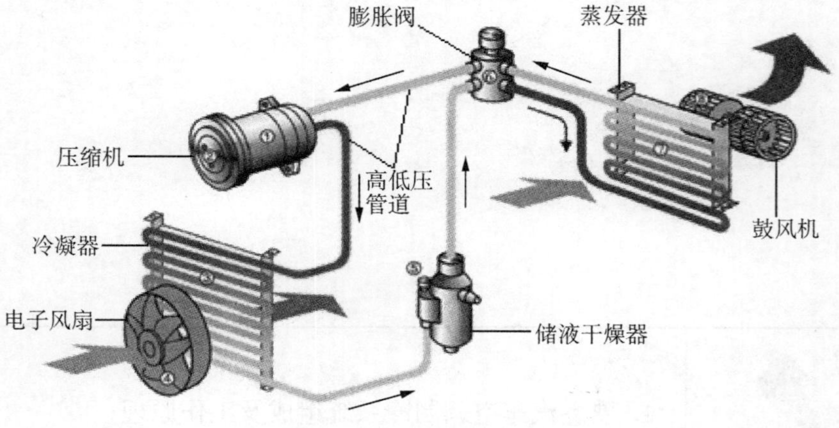

图 2-1　制冷系统的组成

(1) 空调压缩机

压缩机是汽车空调系统中最主要的部件，是制冷剂循环的动力源，起着压缩和输送制冷剂蒸气的作用，即把吸入的低温低压气态制冷剂压缩成高温高压气态制冷剂并输送给冷凝器。

目前汽车用空调压缩机的种类很多，而常见中、小型乘用车的空调压缩机都以摇摆式和斜盘式为主，这两种压缩机既有定排量也有变排量。定排量摇摆式空调压缩机，如图 2-2 所示。

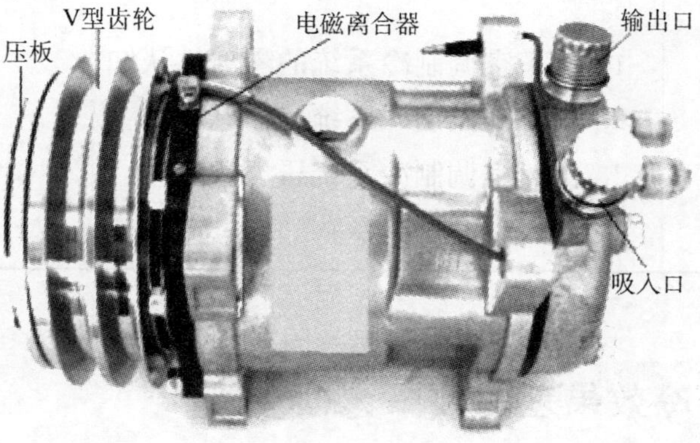

图 2-2　定排量摇摆式空调压缩机

压缩机安装在蒸发器与冷凝器之间，其 V 型带轮(目前都采用楔形带轮)与曲轴皮带盘处于同一平面，由曲轴通过 V 型带(或楔形带)带动旋转。

(2) 冷凝器

冷凝器是一种热交换器，它的作用是把压缩机排出的高温、高压气态制冷剂，通过电子风扇强制向车外空气中散发热量(热的传递方式有传导、对流和辐射)，使气态的制冷剂冷凝为高温、高压液态制冷剂。

汽车常用的冷凝器，一般有管片式、管带式和平流式等种类。目前中小型乘用车较多使用管带式或平流式冷凝器。管片式冷凝器，如图 2-3 所示。

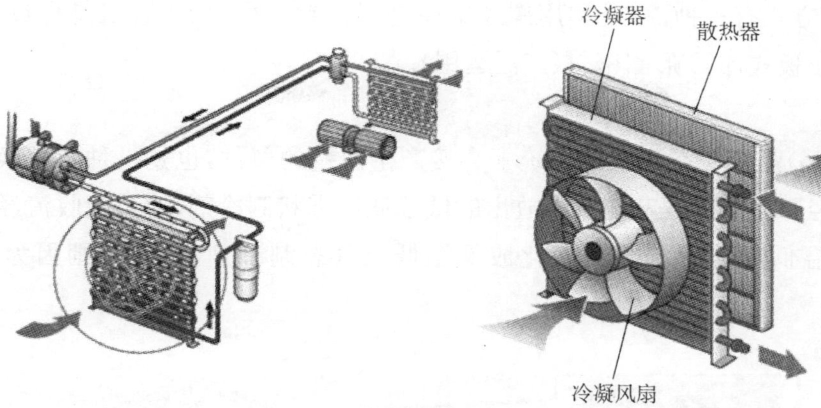

图 2－3　汽车冷凝器安装位置示意图

为保证良好的通风，冷凝器大多数安装在车辆头部散热器的前面，与散热器在同一垂直平面上，且与散热器之间有一定的间隔，安装在汽车的侧面或底部较少见。

(3) 储液干燥器

储液干燥器（图 2－4）是个过滤装置，它的作用是吸收制冷剂中的微量水分和滤去杂质，并储存一定量的制冷剂，补偿制冷系统的微量渗漏。部分储液干燥器上有视液镜，通过视液镜能观察到制冷剂的数量以及系统是否脏污。储液干燥器还具有两大功能，一是能保证过滤、干燥后流入膨胀阀的制冷剂一定是液态的（不会是气液混合的），防止制冷剂在膨胀阀处产生冰堵。二是保护功能，在储液干燥器的上方，安装了易熔塞（螺母中间孔上焊有合金），当制冷系统发生因堵塞而产生异常的高温、高压时（103℃～110℃），它会自动熔化，释放出制冷剂防止爆管引起安全事故。

图 2－4　储液干燥器

储液干燥器除了上述两个功能外，在其桶形外部还装有高、低压组合开关和高压接口（充注阀），采用快速接头与压力表连接，以供控制、保护压缩机和制冷系统的检修及充注。储液干燥器安装在冷凝器和蒸发器的之间，常见的连接方式有螺纹和压板两种。

(4) 膨胀阀

图 2－5　膨胀阀

膨胀阀位于蒸发器的入口上，是一个实现制冷的关键元件。它的作用是将从储液干燥器流出的高温高压液态制冷剂，经过降压、节流成为容易蒸发的低温低压雾状制冷剂进入蒸发器内。同时，它可根据制冷负荷量的变化，自动调节制冷剂的流量，以满足制冷循环要求。

目前车上使用的膨胀阀可分为 F 型和 H 型，如图 2－5 所示。H 型较 F 型而言，去掉了外露的平衡管和感温包，增加了工作的可靠性，在汽车空调制冷循环系统中运用愈来愈广泛。

膨胀阀一般安装在蒸发器的进口处，从外部是观察不到的。

它与蒸发器的连接方式有三种，一是利用螺纹锥面进行密封(较少采用)；二是螺纹加O形圈密封(经常采用)；三是压板式加O形圈密封(广泛运用)。

(5) 蒸发器

蒸发器(图2-6)是汽车空调制冷系统中直接产生冷量的部件，也是一种热交换器。与冷凝器的作用相反，其将经膨胀阀降压节流后释放出的低温低压雾状制冷剂，通过吸收流经蒸发器壁面空气中的热量，使低温低压雾状制冷剂气化成低温低压气态制冷剂，而空气则因为热量被带走而变冷。

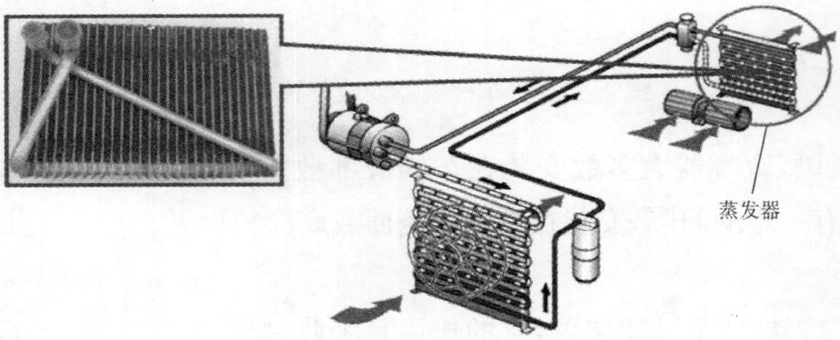

图2-6　蒸发器

汽车常用的蒸发器，一般有管片式、管带式等种类，结构与冷凝器相似。由于蒸发器表面的温度较低，很容易出现结霜，从而影响制冷效果。为防止蒸发器表面结霜，通常在其规定采集点处装有一个感温管(管内充有同质的制冷剂)，当蒸发器温度低于1℃时，感温管使位于蒸发器旁的机械式温控开关断开，从而切断压缩机的通电，以免过度蒸发而结霜。当前随着电控技术日益成熟，上述机械控制都已被电控所取代，电控单元根据传感器反馈的信号，控制制冷系统的工作和断开。

蒸发器安装在膨胀阀与压缩机之间，通常安放在仪表板下面靠近副驾驶座前方的空调总成内，因此维修比较困难。

(6) 制冷系统的连接部件

汽车制冷系统的连接部件主要是连接压缩机、冷凝器、和蒸发器的管路组件，通常分为软管和硬管两大类。硬管大多使用铝管，很少使用铜管。软管又分金属软管(波纹管)、橡胶软管和热塑性软管，在使用组合上，通常硬管和软管配合使用。例如，以大众桑塔纳3000为例，其压缩机、冷凝器、储液干燥器、蒸发器的接入接出端处均采用硬管连接，但它们之间的连接均为软管，较少采用全硬管连接。早期的车上某些部位之间采用硬管，例如膨胀阀与压缩机之间、冷凝器与储液干燥器之间都采用全铝管。

3) 制冷系统工作原理

(1) 压缩过程

制冷系统工作时，空调压缩机吸入发器中低温低压气态制冷剂，经压缩机压缩成高温高压气态制冷剂(70℃～80℃)。

(2) 冷凝过程

进入冷凝器的高温高压气态制冷剂，与环境空气进行热交换，放出热量，凝结成液态(50℃～

55℃)，并经储液干燥器吸收水分和过滤杂质。

(3) 膨胀过程

高压液态制冷剂，经膨胀阀降压节流后进入蒸发器，蒸发为低温低压雾状液态的制冷剂(-5℃)。

(4) 蒸发过程

低温低压雾状液态制冷剂，在蒸发器内气化吸热，变为低温低压气态的制冷剂(2℃～5℃)，然后被吸入压缩机进行下一个循环。这样制冷剂在空调压缩机的驱动下，在系统内不停地循环流动，通过蒸发器吸收热量，经过冷凝器放出热量，满足了汽车的制冷需求。空调系统工作原理，如图 2-7 所示。

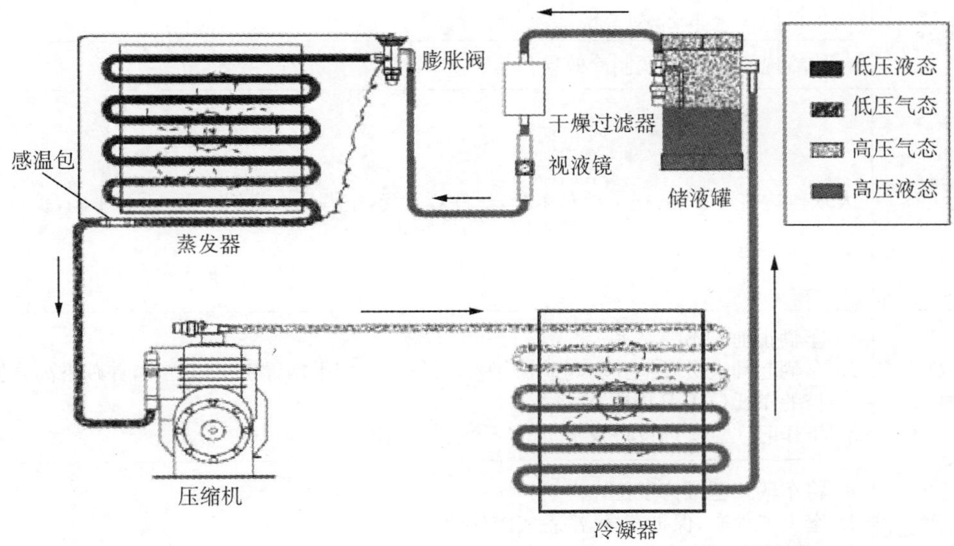

图 2-7　空调制冷系统工作原理

4) 空调系统制冷剂压力检测

(1) 组装空调压力表组，将压力表头处的红、蓝阀门顺时针旋转，防止制冷剂泄露。将压力表与空调系统高、低压管路连接(红色接头连接高压管，蓝色接头连接低压管)，连接完毕后，顺时针旋转高、低压接头，此时读取压力表数值为空调系统平均压力，空调系统正常平均压力为 0.6～0.7 MPa。如果压力偏低说明制冷剂缺少或空调系统有泄露。空调系统压力表组，如图2-8所示。

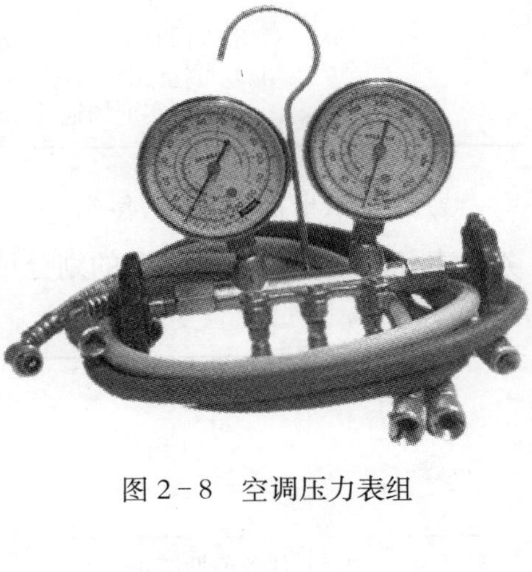

图 2-8　空调压力表组

(2) 起动车辆，打开空调至最冷，风机风量最大，车窗门全部打开运行 15 min 后，观察空调系统高、低压压力。正常情况下，低压侧压力应在 0.2～0.25 MPa，高压侧压力应在 1.4～1.6 MPa。如果高、低压侧压力都过低，说明制冷剂缺少或空调系统有泄漏。

二、制定方案

根据情境导入中的案例，需要对汽车空调制冷效果差的故障进行诊断，教师在组织教学过程中，根据大众捷达空调制冷效果差的故障诊断方案，让学生从实训中掌握汽车空调制冷效果差的故障诊断方法，如表 2－1 所示。

表 2－1　大众捷达空调制冷效果差的故障诊断方案表

	大众捷达空调制冷效果差的故障诊断方案	
车辆信息描述	车辆描述	大众捷达
	故障现象	空调制冷效果差
设备/工具/耗材要求	大众捷达整车 1 辆，翼子板布 1 套，三件套 1 套，空调压力表组 1 套，手套 1 副，护目镜 1 副	
安全要求及注意事项	1. 车辆正前方不要站人； 2. 车辆起动人员要把驻车制动拉起来，必须把换挡手柄置于空挡位置，并踩下离合器踏板，自动挡的车要位于 P 挡或 N 挡； 3. 工作时注意实训设备及学员的安全防护工作	
工作步骤	1. 将车辆移至维修工位； 2. 套上三件套，保护车辆，准备实施作业； 3. 组装空调压力表组； 4. 将空调压力表组与空调管路连接； 5. 读取空调制冷系统平均压力； 6. 起动发动机，把空调开关、风机开关开至最大位置； 7. 15 min 之后，读取空调系统管路压力； 8. 对测量压力进行分析； 9. 测量完毕后，车辆熄火，拆除空调压力表组； 10. 对实训场地的 5S 管理	

教师对学生进行分组，每组选出一个小组长，小组长根据小组成员任务分工不同，确定不同任务的责任人。小组成员任务的划分可以参考下面的小组任务分配表，如表 2－2 所示。

表 2－2　小组任务分配表

	小组任务	个人职责(任务)	小组成员
1	任务前期准备工作	准备该实训项目设备、工具、耗材	
2	安全检查	主要负责设备使用情况和操作工作的安全监督	

续　表

	小组任务	个人职责(任务)	小组成员
3	检测设备安装	组装空调压力表组并与空调管路连接	
4	平均压力读取	发动机熄火,读取空调制冷系统平均压力	
5	制冷系统工作压力读取	起动发动机,将风机、制冷开关开至最大,读取系统工作压力	
6	竣工检查工作	检查所有实训设备、工具是否齐全	
7	5S场地清洁	时刻遵守车间场地规则制定,听从现场指挥	

实训中如果没有该车型,可以参考大众捷达空调制冷效果差的故障诊断方案和维修手册,制定该车型空调制冷效果差的故障诊断方案,如表2-3所示。

表2-3　汽车空调制冷效果差的故障诊断方案表

	________乘用车空调制冷效果差的故障诊断方案	
车辆信息描述	车辆描述	
	故障现象	
设备/工具/耗材要求		
安全要求及注意事项		
工作步骤		

三、实施

依据制定方案实施,并填写项目单,如表2-4所示。

表 2-4　实训结果项目表

车型：

检测项目	检测结果
空调系统平均压力	
空调系统工作压力	

四、作业

1. 通过实训后完善本任务的实施方案。

2. 简述用空调压力表组检测制冷系统压力方法。

检查与评估

1. 学生自我检查

学生通过对任务 1 的学习，独立结合实训车辆填写学习情况检查表(表 2-5)，以检测自己对任务 1 学习的掌握情况。

表 2-5　学习情况检查表

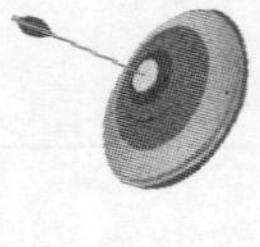	下列说法正确的画“√”，错误的画“×”	
1	汽车空调系统平均压力为 0.4～0.6 MPa 之间	
2	汽车空调系统工作压力为 1.4～1.6 MPa 之间	
3	检查汽车空调系统工作压力时，可以不用起动发动机	

2. 指导教师评估

指导老师在整个教学过程中，关注每个活动小组的工作过程以及小组成员的动手能力，并对小组成员的动手能力进行考核，如表2－6所示。

表2－6　指导教师评估表

	考核量化指标	分值(总分)	学生得分
1	能够时刻注意自我保护	10	
2	使用工具熟练程度	10	
3	能够积极完成本职工作	20	
4	能够完成对汽车空调系统压力检测	25	
5	团队协作能力	10	
6	能够完成检测方案表	25	
总计			

任务2　汽车空调压缩机的拆检

任务描述

一、学习目标

	1. 熟悉汽车空调压缩机的结构和工作原理； 2. 学会汽车空调压缩机电磁离合器的拆装； 3. 熟悉汽车空调压缩机的维护操作方法； 4. 掌握汽车空调压缩机电磁离合器的故障诊断及排除方法

二、学习内容

	1. 汽车空调压缩机功能与分类； 2. 汽车空调压缩机拆装； 3. 汽车空调压缩机电磁离合器故障诊断与维修

项目　拆检汽车空调压缩机

一、知识链接

1. 汽车空调压缩机

1）功能

空调压缩机是汽车空调制冷系统的心脏，其作用是维持制冷剂在制冷系统中的循环和流动，吸入来自蒸发器的低温低压气态制冷剂，压缩成高温高压状态并送往冷凝器。

2）分类

(1) 按运动形式的不同，空调压缩机可以分为往复活塞式和旋转式两大类。往复活塞式压缩机包括曲柄连杆式和轴向活塞式。轴向活塞式压缩机有摆盘式和斜盘式两种。

旋转式压缩机可以分为旋转叶片式、转子式、螺杆式及旋涡式等4种。

(2) 按照压缩机工作时工作容量是否变化可以分为定排量式和变排量式。

定排量是压缩机的排气量随着发动机的转速提高而提高，它不能根据制冷负荷的大小自动改变排气量，对发动机的影响比较大。定排量式压缩机也受空调制冷系统压力的控制，当管路内压力过高或过低时，压缩机也将停止工作。

变排量式压缩机可以根据制冷负荷的大小自动改变输气量，使空调系统的运行更加经济。

2. 电磁离合器

1) 电磁离合器的结构

电磁离合器的组成如图2-9所示，结构如图2-10所示。主要组成部件：

(1) 驱动带轮是电磁离合器的主动元件；

(2) 离合器吸盘是电磁离合器的从动元件；

(3) 电磁线圈作用是控制驱动带轮与离合器吸盘结合与分离。

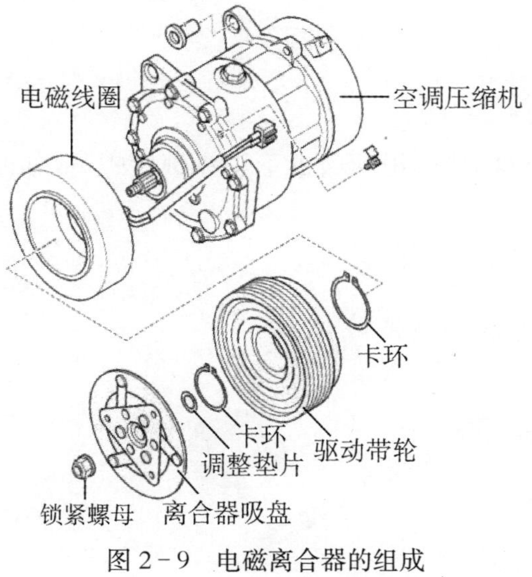

图2-9 电磁离合器的组成

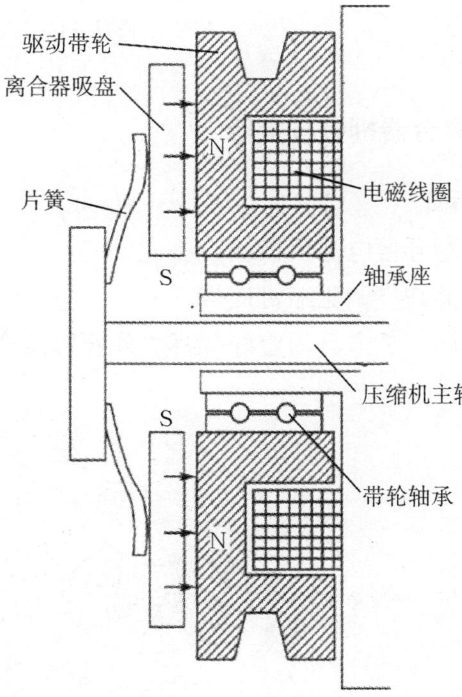

图2-10 电磁离合器的结构

2) 工作原理

(1) 驱动带轮由发动机曲轴带轮通过皮带驱动，只要发动机运转，带轮就运转。

(2) 如图2-11(a)所示，空调制冷系统不工作时，离合器吸盘与驱动带轮之间保持微小间隙A，此时驱动带轮空转，而离合器吸盘不转，即离合器分离，与离合器吸盘固连在一起的空调压缩机轴也不转，空调压缩机不工作。

(3) 如图 2－11(b)所示，当启动制冷系统时，离合器电磁线圈通电产生磁场，磁化驱动带轮产生吸力将吸盘与自身紧紧地吸在一起，即离合器接合，此时空调压缩机开始工作。

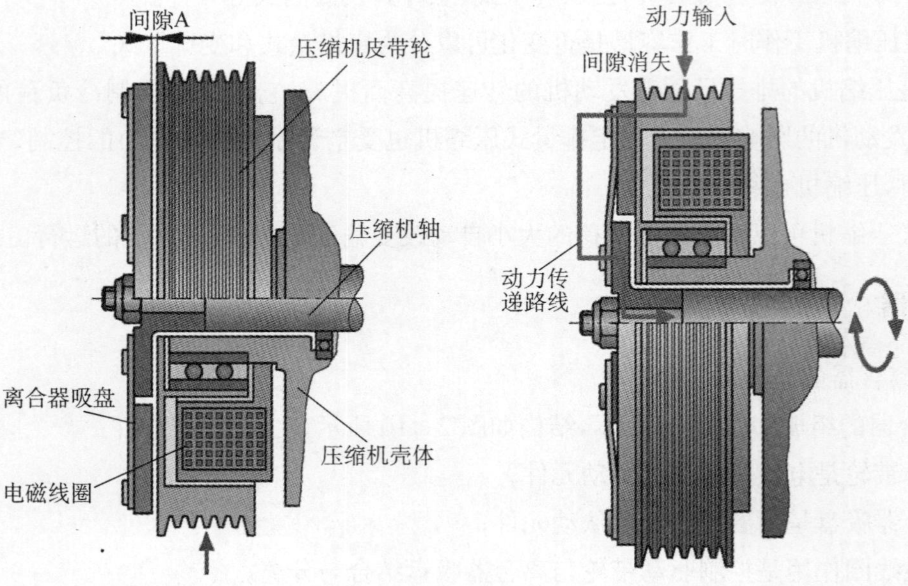

图 2－11 电磁离合器的工作过程

3. 电磁离合器拆装与检修

1）拆卸

(1) 断开蓄电池负极线。

(2) 拆卸空调压缩机皮带。

(3) 用三爪卡具固定好(俗称“背着”)离合器压盘，然后用套筒拆下压盘锁紧螺母，如图 2－12 所示。

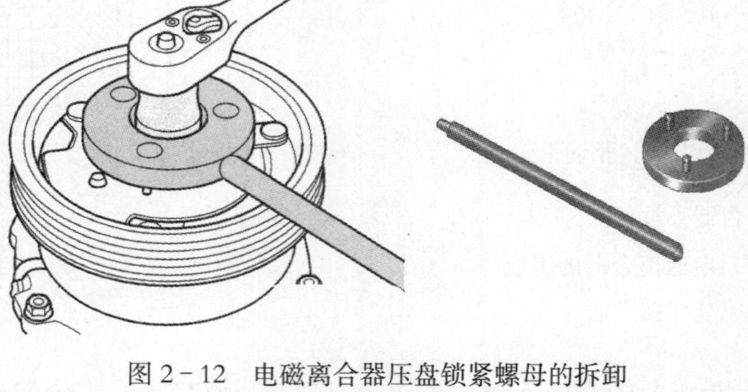

图 2－12 电磁离合器压盘锁紧螺母的拆卸

(4) 拆卸离合器压盘。用专用拉器将离合器压盘从压缩机主轴上拉下来，如图 2－13 所示。

(5) 用卡环钳拆下驱动带轮轴承的卡环，如图 2－14 所示。

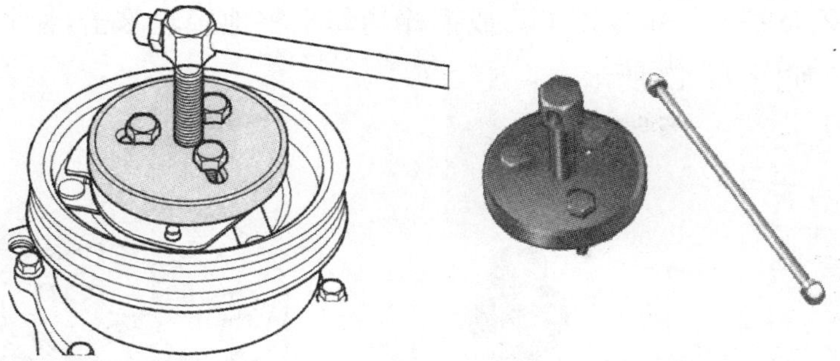

图 2-13　电磁离合器压盘的拆卸

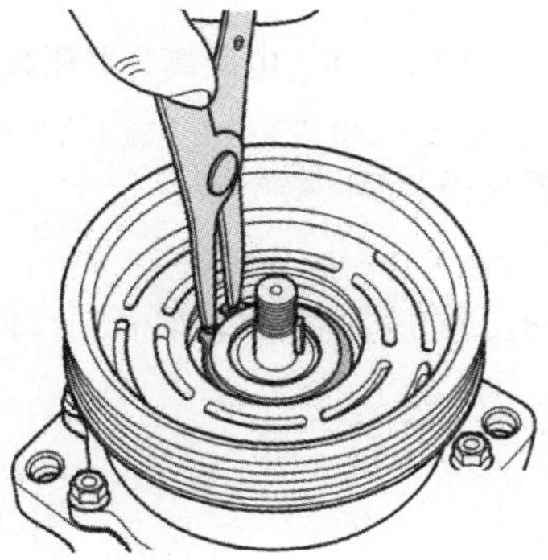

图 2-14　驱动带轮轴承卡环的拆卸

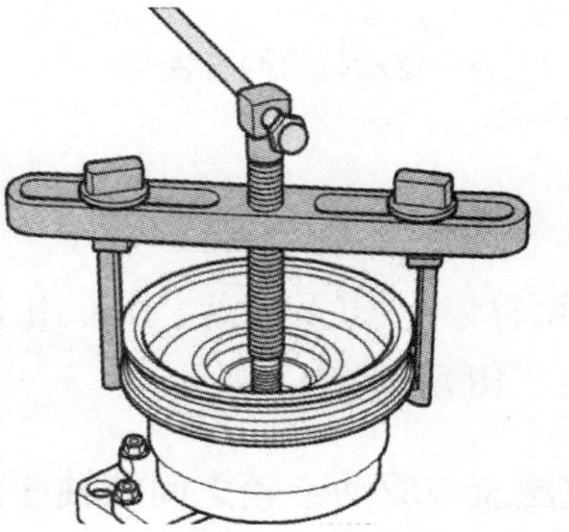

图 2-15　驱动带轮和轴承组件的拆卸

(6) 用二爪或三爪拉器拆卸驱动带轮和轴承组件，如图 2-15 所示。

注意：轴承外套与带轮之间是过渡配合，轴承内套与轴承座(即压缩机前端盖)之间也是过渡配合。拆卸时要对压缩机轴端及螺纹处加以保护，轴端与拉器丝杠之间最好垫上软金属，并保持拉器与轴的对正以防止压缩机轴损坏。

(7) 用卡环钳拆卸电磁线圈的限位卡环，拆下电磁线圈，如图 2-16 所示。

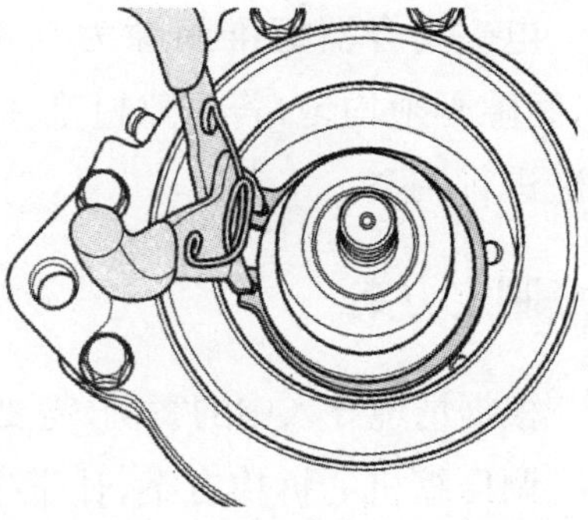

图 2-16　电磁线圈限位卡环的拆卸

注意：有些空调压缩机离合器电磁线圈是用螺钉固定在压缩机前端盖上的。

2) 拆卸后的检查

(1) 检查离合器压盘的摩擦表面，看是否有翘曲变形的地方(必要时测量)，或是由于过热和打滑而引起的刮损痕迹。若压盘翘曲变形或有刮痕损伤，应更换离合器总成。

(2) 摩擦表面上的油污或脏物应用酒精擦洗干净。

(3) 检查轴承有无松旷现象和噪声，损坏的驱动带轮轴承必须更换，以免整个部件产生连锁性的损坏。

(4) 检查电磁线圈的导通性与绝缘性。电磁线圈的阻值一般为 4 Ω 左右。

3) 安装

(1) 安装电磁线圈。将压缩机前端盖上的定位孔与电磁线圈上的定位销对正，然后用卡环固定。

(2) 安装驱动带轮及轴承。用专用工具或铜棒均匀平整地轻轻敲击,使驱动带轮安装到位,然后再用卡环固定轴承,如图 2-17 所示。

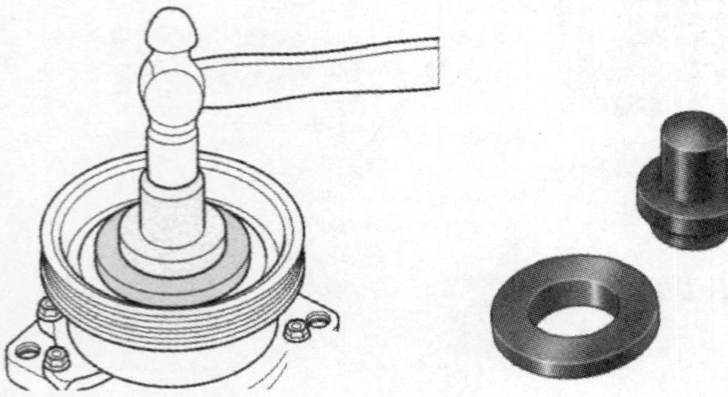

图 2-17　驱动带轮的安装

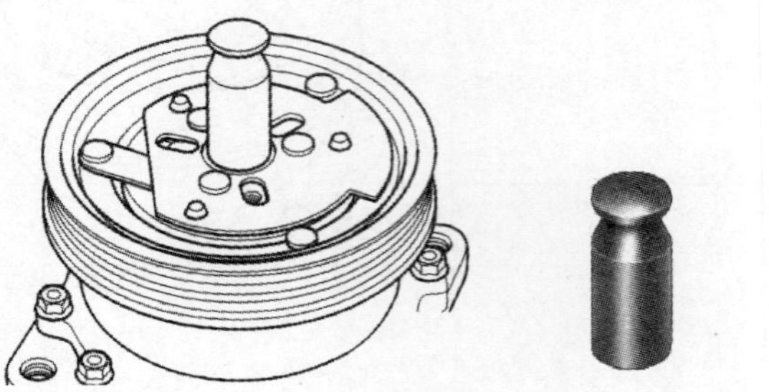

图 2-18　电磁离合器压盘的安装

注意:现代汽车空调压缩机电磁离合器压盘与主轴之间用键连接的渐少,而用细花键者居多。

(3) 安装调整垫片、键及压盘。用专用工具压在中心孔部位,用榔头轻轻敲击,使离合器压盘安装到位,如图 2-18 所示。

4. 检查、调整压盘与驱动带轮之间的轴向间隙

如图 2-19 所示,用深度游标卡尺 C 测量皮带盘与离合器压盘之间的距离,并记录为 a,在不同位置上测量 3 次。拔下电磁离合器的线束接头 A,用一根辅助导线将接头 A 连到蓄电池的正极,此时离合器接合,用深度游标卡尺 C 再次测量皮带盘与离合器压盘之间的距离,并记录为 b,在不同位置上测量 3 次。将尺寸 b 的平均值与尺寸 a 的平均值相减,即为电磁离合器间隙。

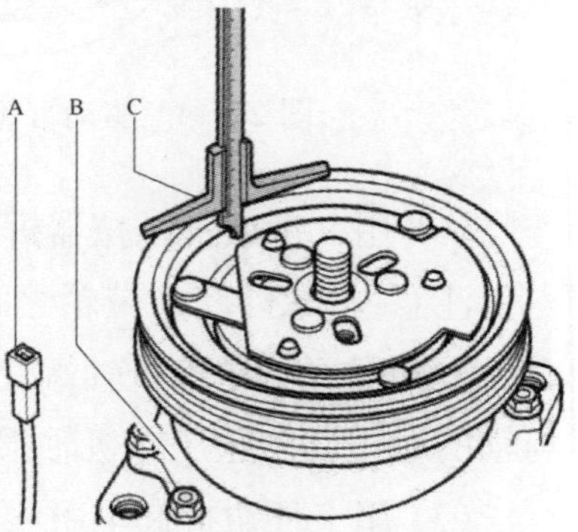

图 2-19　电磁离合器间隙的检查

电磁离合器标准间隙为 0.4～0.78 mm,且在整个圆周范围内,间隙必须均匀,若间隙超差,应卸下离合器压盘,用增减垫片的方法进行调整。

二、制定方案

根据情境导入中的案例,需要对汽车空调压缩机进行拆检,教师在组织教学过程中,根据大众捷达空调压缩机的拆检方案,让学生从实训中掌握汽车空调压缩机的拆检方法,如表 2-7 所示。

表 2-7　大众捷达空调压缩机的拆检方案表

	大众捷达空调压缩机的拆检方案	
车辆信息描述	车辆描述	大众捷达
	故障现象	开启 A/C 开关时压缩机伴有尖锐叫声

续 表

	大众捷达空调压缩机的拆检方案
设备/工具/耗材要求	大众捷达整车1辆，两柱举升机1台，翼子板布1套、三件套1套，大众捷达维修手册1本，常用组合工具，专用拉拔器，卡环钳，三爪卡具，铜棒，内六角扳手，游标卡尺等，抹布、润滑脂
安全要求及注意事项	1. 车辆正前方不要站人； 2. 车辆起动人员要把驻车制动拉起来，必须把换挡手柄置于空挡位置，并踩下离合器踏板，自动挡的车要位于P挡或N挡
拆卸步骤	1. 拆卸蓄电池负极； 2. 拆卸空调压缩机皮带； 3. 固定离合器压盘； 4. 拆卸离合器压盘； 5. 拆卸轴承； 6. 拆卸电磁线圈； 7. 检测电磁线圈，必要时应更换； 8. 检查轴承有无松旷； 9. 安装压缩机； 10. 安装皮带并调整； 11. 5S管理

教师对学生进行分组，每组选出一个小组长，小组长根据小组成员任务分工不同，确定不同任务的责任人。小组成员任务的划分可以参考下面的小组任务分配表，如表2-8所示。

表2-8 小组任务分配表

	小组任务	个人职责(任务)	小组成员
1	任务前期准备工作	准备该实训项目设备、工具、耗材	
2	安全检查	主要负责设备使用情况和操作工作的安全监督	
3	空调压缩机拆卸	将空调压缩机从整车上拆卸下来	
4	电磁离合器分解	将空调压缩机电磁离合器分解	
5	电磁离合器检测	检测离合器压盘有无变形、轴承是否松旷、线圈电阻以及压盘与驱动带轮之间的轴向间隙	
6	竣工检查工作	检查所有实训设备、工具是否齐全	
7	5S场地清洁	时刻遵守车间场地规则制定，听从现场指挥	

实训中如果没有该车型，可以参考大众捷达空调压缩机的拆检方案和维修手册，制定该车型空调压缩机的拆检方案，如表2-9所示。

表 2-9　汽车空调压缩机的拆检方案表

	＿＿＿＿乘用车空调压缩机的拆检方案	
车辆信息描述	车辆描述	
	故障现象	
设备/工具/耗材要求		
安全要求及注意事项		
工作步骤		

三、实施

依据制定方案实施，并填写项目单，如表 2-10 所示。

表 2-10　实训结果项目表

检查项目	检查结果
离合器压盘的摩擦表面	
检查轴承有无松旷现象和噪声	
电磁离合器标准间隙	
电磁线圈的阻值	
是否漏油	

四、作业

1. 通过实训后完善本任务的实施方案。

2. 简述空调压缩机工作原理。

检查与评估

1. 学生自我检查

学生通过对任务 2 的学习，独立结合实训车辆填写学习情况检查表(表 2-11)，以检测自己对任务 2 学习的掌握情况。

表 2-11　学习情况检查表

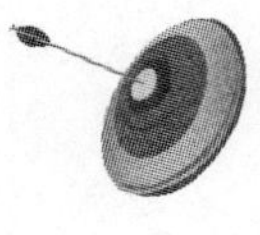	下列说法正确的画“√”，错误的画“×”	
1	汽车空调压缩机的作用是将低温低压气态制冷剂压缩成高温高压气态制冷剂	
2	汽车空调压缩机都是定排量压缩机	
3	电磁离合器线圈阻值一般在 4 Ω 左右	
4	离合器压盘变形可能导致压缩机异响	

2. 指导教师评估

指导老师在整个教学过程中，关注每个活动小组的工作过程以及小组成员的动手能力，并对小组成员的动手能力进行考核，如表 2-12 所示。

表 2-12　指导教师评估表

	考核量化指标	分值(总分)	学生得分
1	能够时刻注意自我保护	10	
2	使用工具熟练程度	10	
3	能够完成对汽车空调压缩机的拆装	20	
4	能够完成对汽车空调压缩机电磁离合器的检测	25	
5	团队协作能力	10	
6	能够完成检测方案表	25	
总计			

学习情境 3　汽车空调供暖系统故障诊断与维修

学习目标

1. 了解汽车空调供暖系统的组成、作用；
2. 熟悉汽车空调供暖系统的工作原理；
3. 掌握热交换器的拆卸、安装

情境导入

车　　型：帕萨特领驭 1.8T；

行驶里程：12 万 km；

出厂时间：2007 年 9 月。

故障现象：

汽车空调只出冷风，无暖风，不制热。

故障分析：

该空调为手动空调，出冷风证明制冷系统和风机均没有问题，不出热风，可能问题是制热系统不通，或冷暖风门卡滞在冷风位置，需检查冷暖风门拉线和开关

任务　汽车空调系统热交换器的拆检

任务描述

一、学习目标

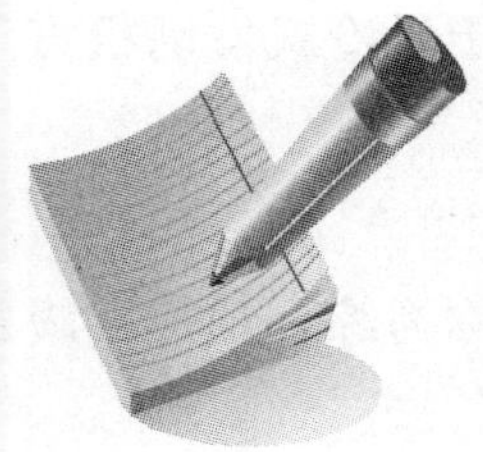	1. 熟悉汽车空调供暖系统的组成结构及工作原理； 2. 掌握热交换器的拆卸、安装方法； 3. 掌握热交换器的检查方法

二、学习内容

	1. 汽车空调供暖系统的组成、作用； 2. 汽车空调供暖系统的工作原理； 3. 热交换器的拆卸和安装； 4. 热交换器的检查

项目　检查汽车空调冷暖风门拉线和开关

一、知识连接

1. 汽车空调供暖系统的主要作用与分类

汽车空调供暖系统的作用，是将新鲜空气送入热交换器，吸收汽车热源的热量，从而提高空气的温度，并将热空气送入车内的装置。

1）汽车空调供暖系统的主要作用

(1) 加热器和蒸发器一起将冷热空气调节到人所需要的舒适温度。现代汽车空调已经发展到冷暖一体化的水平，可以全年对车厢内的空气温度进行调节。

(2) 冬季供暖。冬天由于天气寒冷，人在运动的汽车内会感到更寒冷。这时，汽车空调可以向车内提供暖气，以提高车厢内的温度，使乘员感觉到舒适。

(3) 车窗玻璃除霜。冬季或者春秋季，室内外温差较大，车窗玻璃会结霜或起雾，影响驾驶人和乘客的视线，这样不利于行车安全，这时可以用热风除霜和除雾。

2）汽车空调供暖系统的分类

汽车空调供暖系统的种类很多，根据热源不同，汽车暖风装置可分为如下几种形式：

(1) 利用发动机冷却液的热量，称为水暖式暖风装置，这种方式多用于轿车、大型货车及采暖要求不高的大客车上。

(2) 利用发动机排气系统的热量，称为气暖式暖风装置，这种方式多用于风冷式发动机汽车和有特殊要求的汽车上。

(3) 装有专门燃烧的机构，称为独立燃烧式暖风装置，这种方式多用在大客车上。

(4) 既利用发动机冷却液的热量，又装有燃烧预热器的综合加热装置，称为综合预热式暖风装置，这种方式多用于豪华大客车。

根据空气循环方式，汽车供暖系统又可分为如下几种形式：

(1) 内气式（又称内循环式）。是指利用车内空气循环，将车厢内部空气（用过的）作为载热体，让其通过热交换器升温，使升温后的空气再进入车厢内取暖。这种方式消耗热源少，升温快，但从卫生标准看，是最不理想的。

(2) 外气式（又称外循环式）。是指利用车外空气循环，全部使用车外新鲜空气作为载热体，让其通过热交换器升温，使升温后的空气再进入车厢内取暖。从卫生标准看，外气式是最理想的，但消耗热源也最大，初始升温慢，经济性较差。

(3) 内外气并用式（又称内外混合式）。是指既引进车外新鲜空气，又利用部分车内的原有余气，以新旧空气的混合体作为载热体，通过热交换器，向车厢里供暖。从卫生标准和热源消耗看，正好介于内气式和外气式之间，但此种方式控制比较复杂，多应用在高档轿车自动空调系统中。

不论是利用何种热源，热量都是通过热交换装置传递给空气，并通过风机把热空气送入车厢的。

2. 水暖式暖风装置的结构与工作原理

水暖式暖风装量一般以水冷式发动机冷却系统中的冷却液作为热源，将冷却液引入车辆内的热交换器中，使风机送来的车厢内空气（内气式）或外部空气（外气式）与热交换器中的冷却液进行热交换，风机将加热后的空气送入车厢内。

轿车、载货车和中小型客车需要的热量较少，可以用发动机冷却液的余热来直接供暖。余热供暖设备简单，使用安全，运行经济。但其缺点是热量较小，受汽车运行工况的影响，发动机停止运行时，即没有暖气提供。

水暖式加热系统工作原理如图 3-1 所示。从发动机出来的冷却液经过节温器，在温度达到80℃时，节温器开启，让发动机冷却液流到供暖系统的加热器，在节温器和加热器之间设置了一个

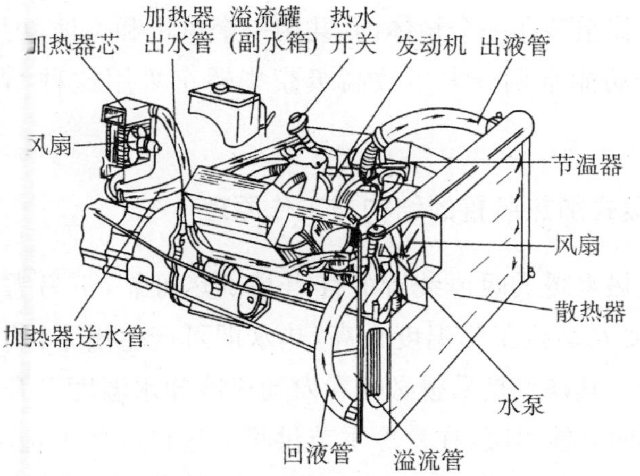

图 3-1　水暖式加热系统工作原理

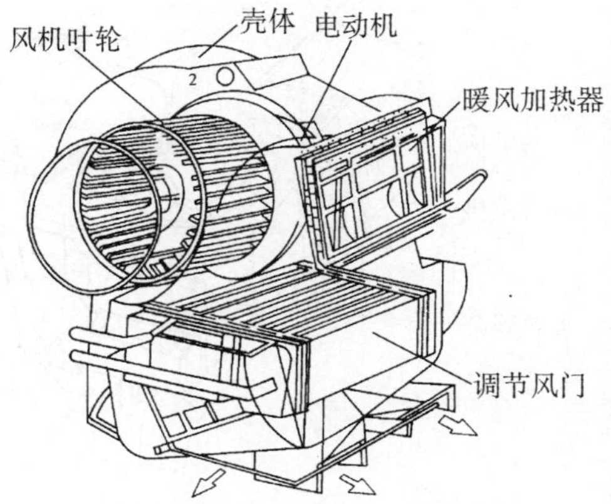

图 3-2　独立式水暖暖风装置结构

热水开关，用来控制热水的流动，冷却液的另一部分流到散热器。冷却液在加热器散热，加热周围的空气，然后再用风扇送到车内；冷却液从加热器出来，在水泵的泵吸下，又重新进入发动机的散热器内，冷却发动机，完成一次供暖循环。

如图 3-2 所示为独立式水暖暖风装置的结构，由暖风热交换器、风机及外壳组成一个完整的总成。壳体上有吹向脚部、前部的出风口及吹向车窗起除霜作用的出风口。此种结构通常用于普通轿车、货车和小型客车。

目前暖风加热器的结构形式主要有管片式和管带式两种。管带式的加热器散热效率高、体积小、重量轻，但其制造工艺要复杂些。目前用得最多的还是管片式加热器，可以采取减小管壁、在散热翅片上开槽等措施，以提高其传热效率。

如图 3-3 所示为水暖式内外混合循环暖风装置。由外部空气吸入口吸进新鲜空气，内部空气吸入口吸入内部空气，它们在混合室混合后，由风机送入热交换器空气侧，热交换器管内侧由发动机循环水提供热源，混合气体加热后被送往前座脚下，通过前窗、侧窗除霜的连接管输送到前窗除霜或除雾。这种结构的暖风装置效果较好，一般在中、高档轿车上使用。

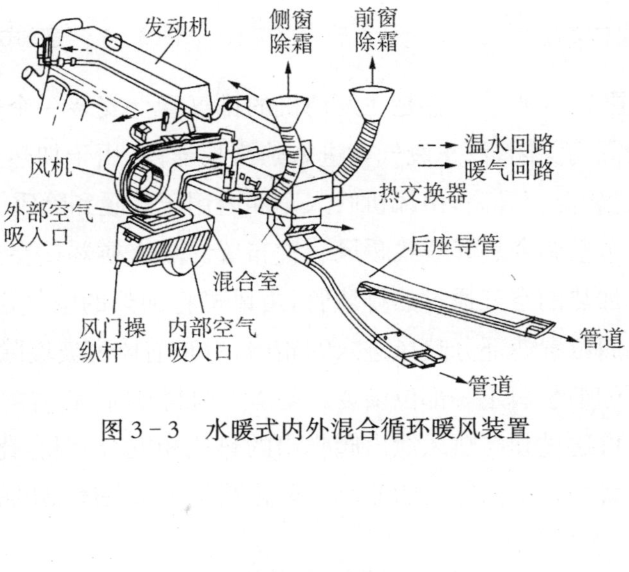

图 3-3　水暖式内外混合循环暖风装置

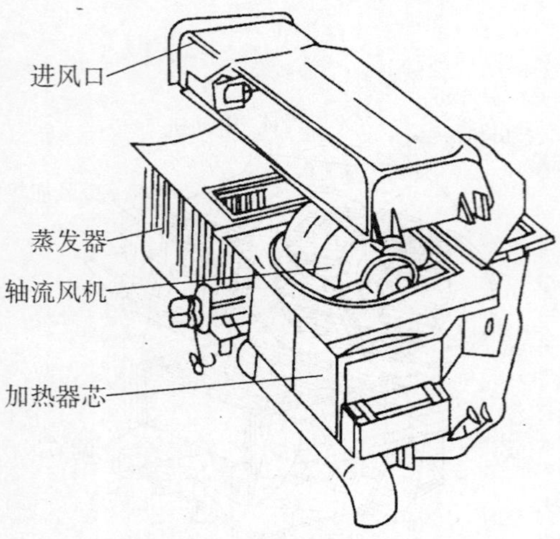

图 3-4　整体式空调器

整体式空调器的结构如图 3-4 所示。它是将加热器和蒸发器组装在一个箱体内，共用一个风机和壳体，可以实现全功能空调。大多数高级豪华轿车采用这种结构形式。

3. 气暖式加热装置的结构与工作原理

余热水暖式暖风装置的优点是供热可靠，不另需燃料，只要发动机工作温度升高，热水即可产生出来，使用较安全。其缺点是采暖必须在发动机冷却水温度上升到大循环时才能供暖，在寒冷季节供暖量显得有些不足，甚至导致发动机过冷，严重时会影响其正常工作。对于一些大型客车仅依靠水暖式暖风装置难以满足取暖要求，因此必须采取其他取暖方法。

气暖式供暖系统是利用发动机的排气余热进行车厢采暖。在汽油机中，发动机排气带走的热量约占 36%，在柴油发动机中，则占 30%左右。气暖式供暖系统是最早采用的空调形式之一，它是让排气管通过驾驶室直接供暖，例如早期的北京吉普车，以及北方寒冷地带的长途客车。

通常采用的方法是将换热器铸成带散热翅片的管子，装在发动机排气管上，一方面内腔作排气管用，外侧加热空气并将此汇集起来，送到车内作供暖用。热交换器的结构如图 3-5 所示。

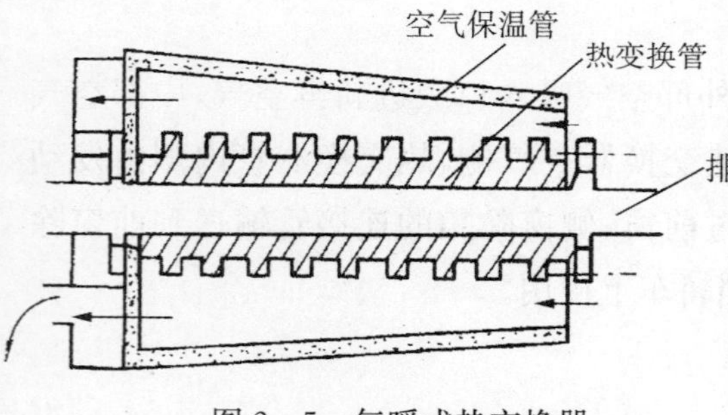

图 3-5　气暖式热交换器

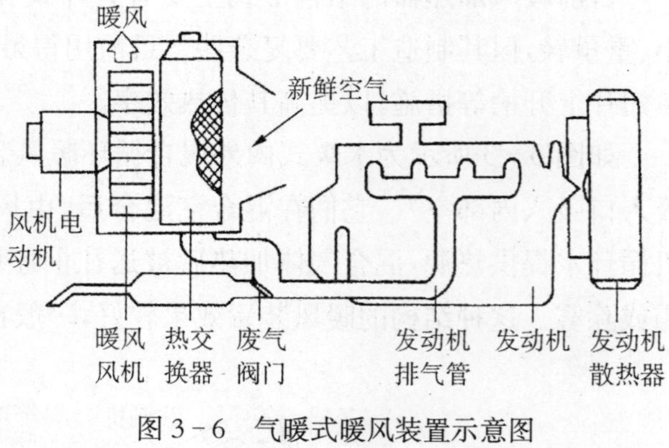

图 3-6　气暖式暖风装置示意图

气暖式暖风装置如图 3-6 所示。它是在发动机的排气管上安装一个热交换器用于加热空气。工作时，将通往消声器的阀门关闭，汽车废气就进入热交换器内，用于加热交换器外的冷空气，冷空气通过热交换器吸收热量后温度升高，由风机吹入车厢内用于采暖和除霜。

如图 3-7 所示为轿车空调余热气暖式暖风装置布置。热交换器接在发动机后，由进气管将混合气引入热交换器加热，加热的空气通过热排风管，由风机将加热的空气送入车厢内采暖。控制板在仪表板上，它可改变风门位置使部分热风进入除霜器，对车前风窗玻璃除霜。若需要，可通过专用排气管对后风窗玻璃、侧位玻璃、脚下等部位供暖。夏季空调制冷时，从蒸发器吹出的冷风温差较大，会使人感到不舒服，这时可通过其与热风泄出阀吹出的热风相混合，混合比例可根据舒适度要求由风门控制冷热风量，这样就可以得到舒适的凉风。截止阀是用来关闭热风的。

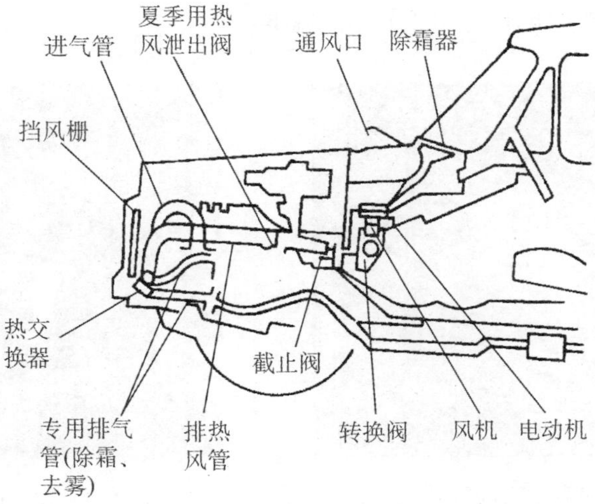

图 3－7　轿车空调余热气暖式暖风装置布置

由于发动机的废气含热量较高，能够提供足够暖气来调节车内的温度，所以特别适合于北方寒冷地方解决车内供暖问题。但它的供热效果受车速、发动机工况的影响，供暖温度不稳定。其次，由于废气中含腐蚀性气体以及有毒气体和微粒，这种取暖器必须采用耐腐蚀材料，联接的密封性必须可靠，否则一旦穿孔，后果不堪设想。另外，在排气管道中加装的换热装置使排气阻力加大，对发动机工况有一定的影响。而且，这种装置的结构比较复杂，体积较大，在一定程度上限制了它的应用。

4. 帕萨特领驭空调热交换器拆装步骤

(1) 拆卸驾驶侧安全气囊，如图 3－8—图 3－10 所示。

图 3－8　拆卸主驾驶侧安全气囊

图 3－9　安全气囊 2 个固定卡子

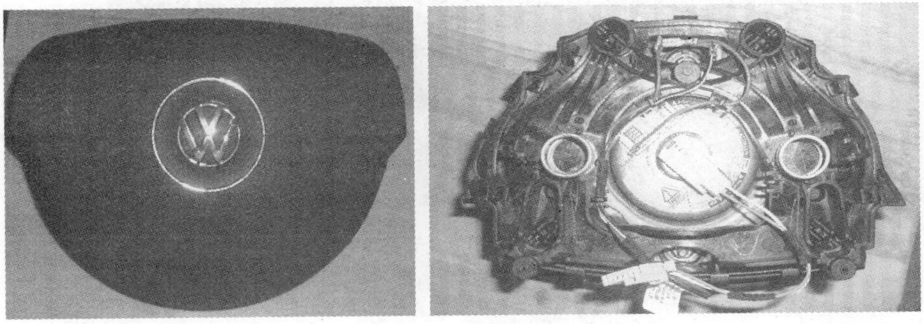

图 3－10　安全气囊

（2）拆卸转向盘中心固定螺栓，如图 3－11 所示。

图 3－11　转向盘中心固定螺栓

图 3－12　拆开开关总成

（3）拆卸转向柱壳 3 个连接螺栓，断开所有线束连接，拆开开关总成，如图 3－12 所示。

（4）拆下开关总成，如图 3－13 所示。

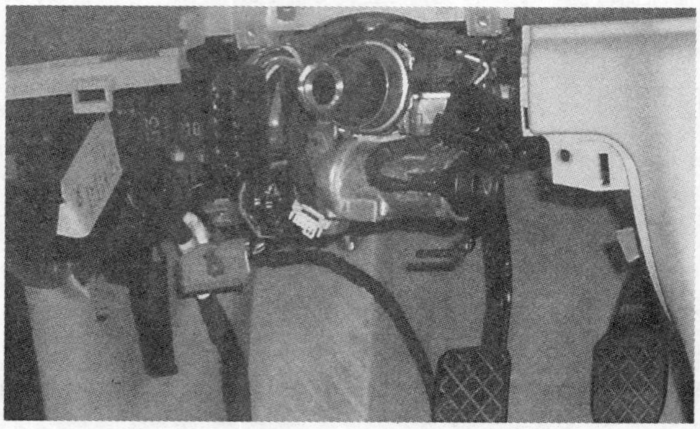

图 3－13　拆下开关总成

（5）拆卸仪表 2 个固定螺栓（箭头所指处），直接缓慢拉出仪表总成，注意断开仪表总成后面的 2 处线束连接，如图 3－14、图 3－15 所示。

图 3－14　拆卸仪表 2 个固定螺栓

图 3－15　仪表

(6) 拆卸收音机，如图 3－16 所示。

图 3－16　拆卸收音机

图 3－17　拆卸空调旋钮开关总成

(7) 拆卸空调旋钮开关总成，如图 3－17 所示。

(8) 拆卸点烟器和烟灰盒总成支架，如图 3－18 所示。

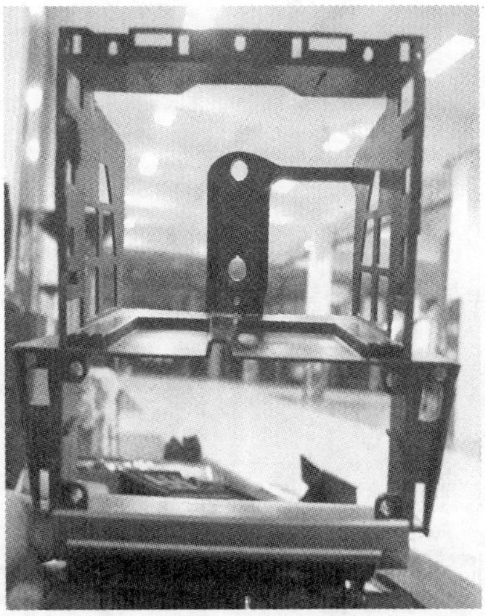

图 3－18　点烟器和烟灰盒总成支架

(9) 拆卸仪表板上各出风口，如图 3－19、图 3－20 所示。

图 3－19　出风口

图 3－20　出风口卡子位置

注意：中央出风口背面的危险警告灯插头连接，如图 3－21 所示。

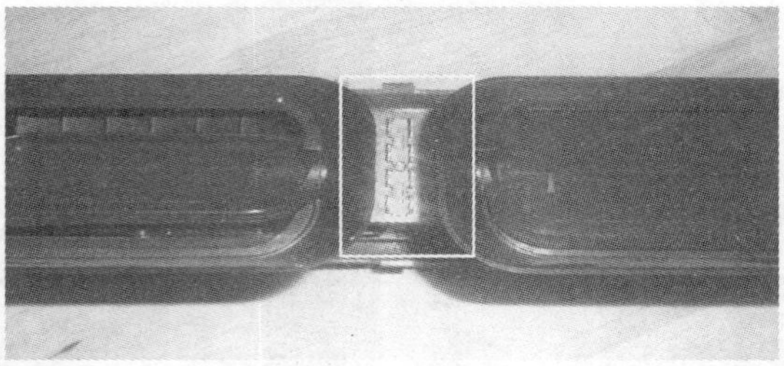

图 3－21　危险警告灯插头连接

（10）拆卸中央仪表台，如图 3－22、图 3－23 所示。

注意：断开副驾驶侧安全气囊线束、风机线束。

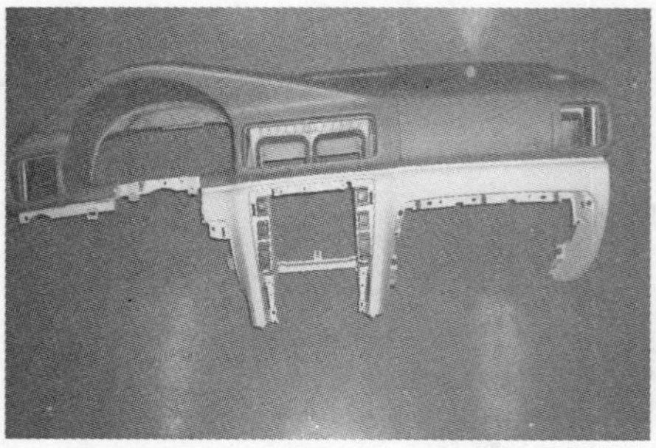

图 3－22　中央仪表台

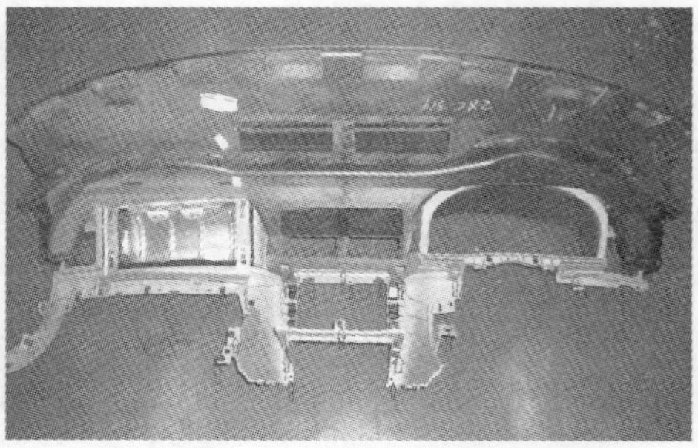

图 3－23　螺栓及卡子位置

（11）断开空调暖水管，如图 3－24 所示。

注意：分别用两把大力钳钳住 2 根暖水管；用集液盘收集冷却液。

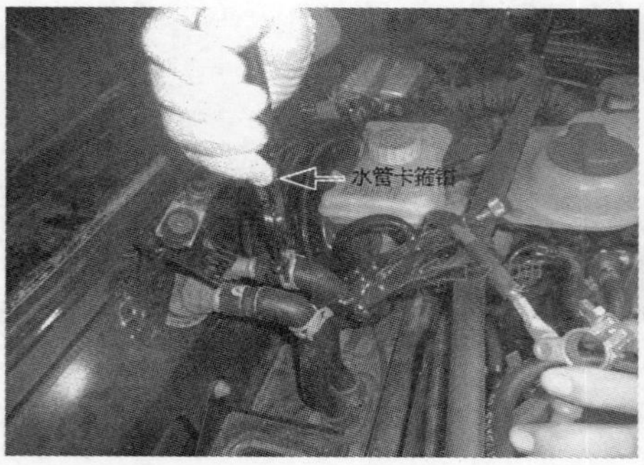

图 3－24　断开空调暖水管

图 3－25　空调通风系统总成

（12）拆卸空调通风系统总成，如图 3－25 所示。

(13) 拆卸空调热交换器，如图 3－26 所示。

图 3－26　拆卸空调热交换器

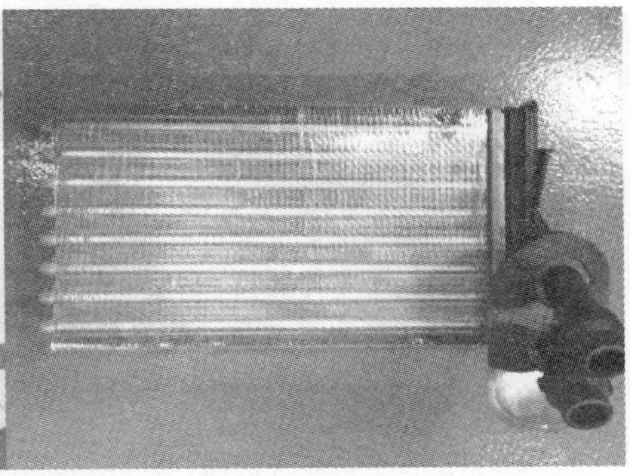

图 3－27　空调热交换器

(14) 检查空调热交换器、清洗内部和外部，如图 3－27 所示。

(15) 热交换器安装的步骤与拆卸步骤相反。

二、制定方案

根据情境导入中的案例，需要对空调热交换器进行拆检。教师在组织教学的过程中，根据帕萨特领驭空调热交换器的拆检方案，让学生从实训中掌握空调热交换器的拆检方法，如表 3－1 所示。

表 3－1　帕萨特领驭空调热交换器的拆检方案表

	帕萨特领驭空调热交换器的拆检方案	
车辆信息描述	车辆描述	帕萨特领驭 1.8T
	故障现象	空调制热不良
设备/工具/耗材要求	帕萨特领驭 1.8T 乘用车 1 辆，两柱举升机 1 台，翼子板布 1 套，三件套 1 套，帕萨特维修手册 1 本，世达 120 件套 1 套，仪表板拆卸专用套 1 套，音响拆卸专用工具 1 套，150 mm 一字起子、75 mm一字起子、75 mm 十字起子各 2 把，水管卡箍钳 1 把，冷却液收集盘 2 个，吹尘枪 1 把，压缩气路 1 套	
安全要求及注意事项	1. 车辆正前方不要站人； 2. 拆卸前半小时内车辆不能起动，避免拆卸时冷却液飞出烫伤； 3. 先记录有故障灯提示的系统的故障代码、音响密码等； 4. 车辆起动人员要把驻车制动拉起来，必须把换挡手柄置于空挡位置，并踩下离合器踏板，自动挡的车要位于 P 挡或 N 挡	
拆卸步骤	1. 拆卸蓄电池负极； 2. 拆卸主驾驶侧安全气囊； 3. 拆卸转向盘； 4. 拆卸点火开关及转向刮水器等开关总成； 5. 拆卸仪表总成； 6. 拆卸收音机； 7. 拆卸空调旋钮开关总成； 8. 拆卸点烟器及烟灰盒总成；	

续 表

	帕萨特领驭空调热交换器的拆检方案
	9. 拆卸仪表中央收音机空调面板支架； 10. 拆卸仪表板上各出风口； 11. 拆卸中央仪表台； 12. 断开空调暖水管； 13. 拆卸空调通风系统总成； 14. 拆卸空调热交换器； 15. 检查空调热交换器、清洗内部和外部

教师对学生进行分组，每组选出一个小组长，小组长根据小组成员任务分工不同，确定不同任务的责任人。小组成员任务的划分可以参考下面的小组任务分配表，如表 3-2 所示。

表 3-2 小组任务分配表

	小组任务	个人职责(任务)	小组成员
1	任务前期准备工作	准备工具、仪器、耗材	
2	确认空调故障现象	起动发动机，操作空调控制系统，确认故障现象	
3	故障分析	通过供暖系统的学习，找出可能的故障原因	
4	拆装清洗	拆卸空调热交换器并清洗	
5	记录	记录操作过程及结果	

实训中如果没有该车型，可以参考帕萨特领驭空调热交换器的拆检方案和维修手册，制定该车型热交换器的拆检方案，如表 3-3 所示。

表 3-3 汽车空调热交换器的拆检方案表

	________乘用车空调热交换器的拆检方案	
车辆信息描述	车辆描述	
	故障现象	
设备/工具/耗材要求		
安全要求及注意事项		

续　表

	________乘用车空调热交换器的拆检方案
工作步骤	

三、实施

依据制定方案实施，并填写项目单，如表3－4所示。

表3－4　实训结果项目表

检查项目	检查结果
是否有故障记录故障代码	
记录音响密码	
热交换器是否脏堵	
出风口是否脏堵	

四、作业

1. 通过实训后完善本任务的实施方案。

2. 叙述汽车空调热交换器拆装、检修的方法。

检查与评估

1. 学生自我检查

学生通过对本任务的学习，独立结合实训车辆填写学习情况检查表(表 3－5)，以检测自己对本任务学习的掌握情况。

表 3－5 学习情况检查表

	项 目	
1	掌握汽车空调供暖系统的组成及工作原理	
2	能拆装清洗汽车空调的热交换器	
3	能检修汽车空调热交换器	

2. 指导教师评估

指导老师在整个教学过程中，关注每个活动小组的工作过程以及小组成员的动手能力，并对小组成员的动手能力进行考核，如表 3－6 所示。

表 3－6 指导教师评估表

	考核量化指标	分值(总分)	学生得分
1	能够掌握汽车空调供暖系统的组成及工作原理	20	
2	能拆装汽车空调的各个旋钮开关	25	
3	能拆卸清洗汽车空调热交换器	25	
4	能检测汽车空调热交换器	20	
5	团队协作能力	10	
总计			

学习情境4　汽车空调通风系统故障诊断与维修

学习目标

1. 熟悉汽车空调通风系统的作用；
2. 了解汽车空调通风系统的控制原理；
3. 掌握汽车空调粉尘和花粉滤清器的更换方法；
4. 掌握汽车空调滤清器的更换方法；
5. 掌握汽车空调风机的拆卸、安装方法

情境导入

车　　型：帕萨特领驭 1.8T；
行驶里程：8 万 km；
出厂时间：2010 年 11 月。

故障现象：

汽车空调风力小，将风机开至最大，无论冷风热风，风速很低，且有异味。

故障分析：

由于该车行驶里程较长，风机运转正常，风力不足，有异味，极有可能是空调滤清器或粉尘和花粉滤清器过脏，堵塞进风口，需拆卸空调滤清器或粉尘和花粉滤清器进行检查

任务1　汽车空调粉尘和花粉滤清器的拆卸和安装

任务描述

一、学习目标

1. 了解汽车空调通风系统的作用及控制原理；
2. 熟悉汽车空调滤清器及粉尘和花粉滤清器的作用及安装位置；
3. 掌握汽车空调粉尘和花粉滤清器的更换方法

二、学习内容

1. 汽车空调通风系统的作用及控制原理；
2. 汽车空调粉尘和花粉滤清器及空调滤清器的作用、常见类型；
3. 汽车空调粉尘和花粉滤清器的更换；
4. 汽车空调滤清器的更换

项目　更换汽车空调粉尘和花粉滤清器及汽车空调滤清器

一、知识链接

1. 通风装置

为了健康和舒适，汽车厢内空气要符合一定的卫生标准。这需要输入一定量的新鲜空气。新鲜空气的配送量除了考虑人们因呼吸排出的二氧化碳、蒸发的汗液、吸烟以及从车外进入的灰尘、花粉等污染物，还必须考虑造成车内正压和局部排气量所需风量。将新鲜空气送进车内，取代污浊空气的过程，称为通风。

新鲜空气进入量必须大于排出和泄漏的空气量，才能保持车内压力略大于车外的压力。保持车内空气正压的目的是防止外面空气不经空调装置直接进入车内，而且能防止热空气泄出，以及避免发动机废气通过回风道进入车内，污染空气。

因此，对车厢内进行通风换气以及对车内空气进行过滤、净化是十分必要的，汽车通风和空气净化装置也是汽车空调系统的重要组成部分。

根据我国对轿车、客车空调新鲜空气要求，换气量按人体卫生标准最低不少于 20 m^3/h · 人，且车内的 CO_2 的体积分数一般应控制在 0.03％以下，风速为 0.2 m/s。

汽车空调的通风方式一般有动压通风、强制通风和综合通风三种。

1）动压通风

动压通风也称自然通风，它是利用汽车行驶时对车身外部所产生的风压为动力，在适当的地方开设逆风口和排风口，以实现车内的通风换气。

进、排风口的位置决定于汽车行驶时车身外表面的风压分布状况和车身结构形式。进风口应设置在正风压区，并且离地面尽可能地高，以免引入汽车行驶时扬起带有尘土的空气。排风口则设置在汽车车厢后部的负压区，并且应尽量加大排气口的有效流通面积，提高排气效果，还必须注意到防尘、噪声以及雨水的侵入。

如图 4－1 所示是用普通轿车车身的模型进行风洞试验的表面压力分布图。由图可见，车身外部大多受到负压，只有在车前及前风窗玻璃周围为正压区。因此，轿车的进风口设在车窗的下部正风压区，而且此处都设有进气阀门和内循环空气阀门，用来控制新鲜空气的流量。一般在空调系统刚启动，而且车内外温差较大时，关闭外循环气道，采用内循环方式工作，这样可以尽快降低车内温度。排风口设置在轿车尾部负压区。动压通风时，车内空气的流动如图 4－2 所示。

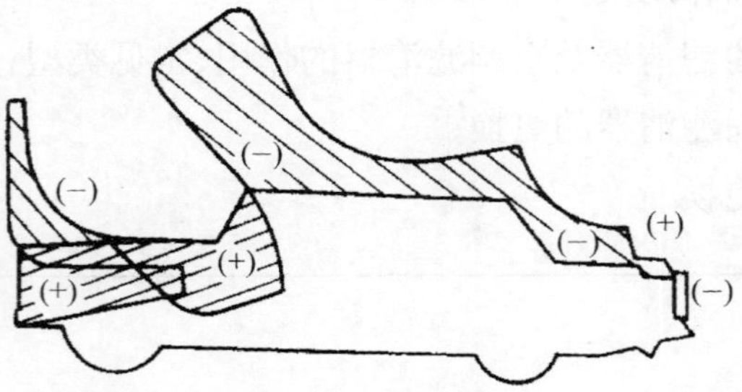

图 4－1　轿车车身表面风压分布

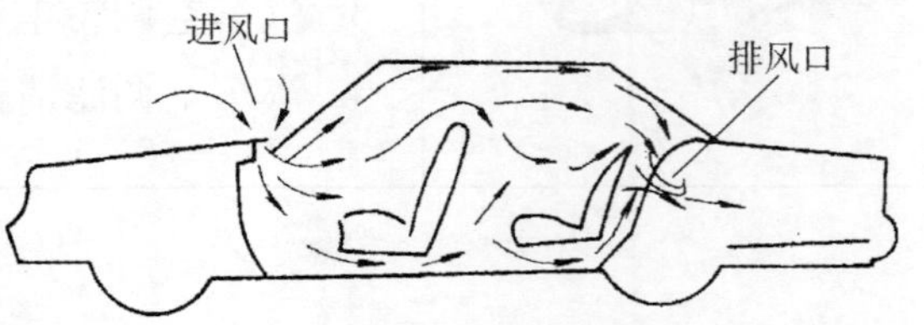

图 4－2　轿车空调风的循环

由于动压通风不消耗动力，且结构简单，通风效果较好，因此，轿车大都设有动压通风口。

2）强制通风

强制通风是利用鼓风机强制将车外空气送入车厢内进行通风换气。这种方式需要能源和通风设备，在冷暖一体化的汽车空调上，大多采用通风、供暖和制冷的联合装置，将外气与空调冷暖空气混合后送入车内，此种通风装置常见于高级轿车和豪华旅行车上。

3）综合通风

综合通风是指一辆汽车上同时采用动压通风和强制通风。采用综合通风系统的汽车比单独采用强制通风或自然通风的汽车结构要复杂得多。最简单的综合通风系统是在自然通风的车身基础上，安装强制通风扇，根据需要可分别使用和同时使用。这样，基本上能满足各种气候条件的通风换气要求。

综合通风系统虽然结构复杂，但省电，经济性好，运行成本低。特别是在春秋季节的天气，用动压通风导入凉爽的外气，以取代制冷系统工作，同样可以保证舒适性要求，这种通风方式近年来在汽车上的应用逐渐增多。

2. 空气净化装置

汽车空调系统采用的空气净化装置通常有空气过滤式和静电集尘式两种。前者是在空调系统的送风和回风口处设置空气滤清装置，它仅能滤除空气中的灰尘和杂物，因此，结构简单，只需定期清理过滤网上的灰尘和杂物即可，故广泛用于各种汽车空调系统中。新鲜空气首先通过空调粉尘和花粉滤清器，接着经空调滤清器，然后吹向蒸发器。在蒸发器后面，气流将在冷、暖风风门处首次分离：其中一部分将不经过热交换器，另外一部分经过热交换器加热后，形成暖风，在冷暖风混合管路再次与冷风混合，送至各出风口。

后者则是在空气进口的过滤器后再设置一套静电集尘装置或单独安装一套用于净化车内空气的静电除尘装置。它除具有过滤和吸附烟尘等微小颗粒的杂质作用外，还具有除臭、杀菌、产生负氧离子以使车内空气更为新鲜洁净的作用。由于其结构复杂，成本高，所以，只用于高级轿车和旅行车上。

静电集尘式空气净化装置的空气净化过程，如图 4-3 所示。

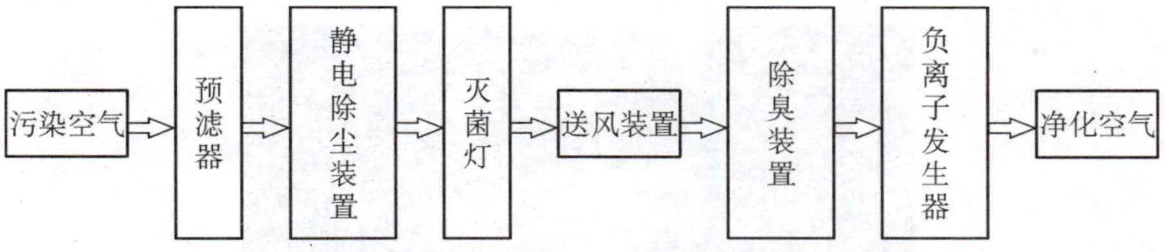

图 4-3　静电集尘式空气净化装置原理图

预滤器用于过滤大颗粒的杂质。

静电集尘器则以静电集尘方式把微小的颗粒尘埃、烟灰及汽车排出的气体中含有的微粒吸附在集尘板上。其工作原理是：通过高压放电时产生的加速离子通过热扩散或相互碰撞而使浮游尘埃颗粒带电，然后在高压电场中库仑力的作用下，克服空气的阻力而被吸附在集尘电极板上，如图 4-4 所示。其中图 4-4(a)是放电电极流出的辉光电流使尘埃颗粒带电的状况，图 4-4(b)为带电的尘埃颗粒向集尘电极板运动的状况。

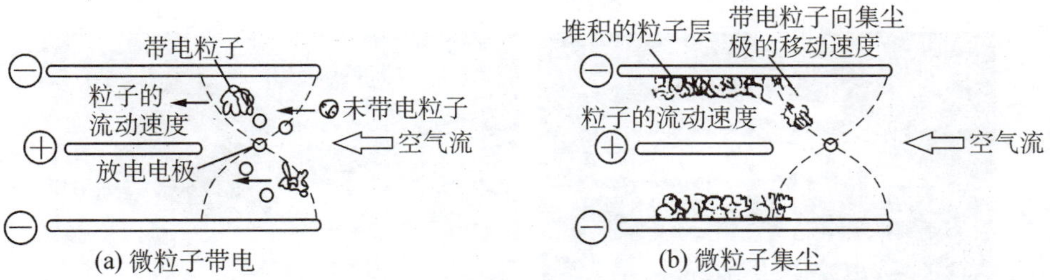

图 4-4　静电集尘原理

灭菌灯用于杀死吸附在集尘板上的细菌，它是一只低压水银放电管，能发射出波长为 353.7 nm 的紫外线光，其杀菌能力约为太阳光的 15 倍。

除臭装置用于除去车厢内的油料及烟雾等气味，一般是采用活性碳过滤器、纤维式或滤纸式空气过滤器来吸附烟尘和臭气等有害气体。

静电集尘式空气净化装置结构如图 4－5 所示。它通常安装在制冷、采暖采用内循环方式的大客车上。采用这种装置净化后的空气清洁度很高，可以充分满足汽车对舒适性的要求。

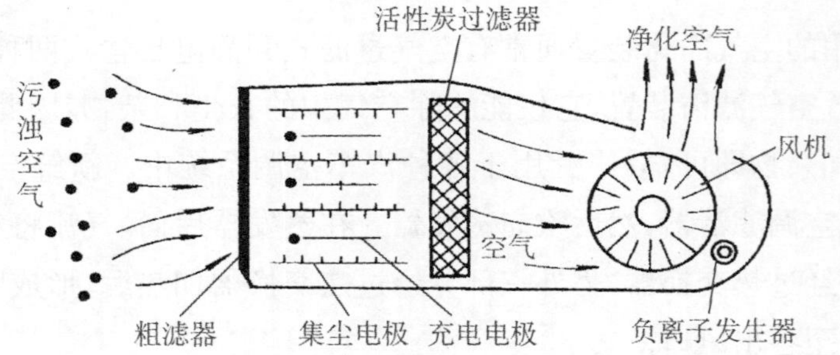

图 4－5　静电集尘式空气净化装置

3. 帕萨特领驭空调粉尘和花粉滤清器的更换

帕萨特领驭空调粉尘和花粉滤清器安装在发动机舱位置，如图 4－6 所示。

图 4－6　粉尘和花粉滤清器位置

(1) 拆卸螺栓，如图 4－7 所示。

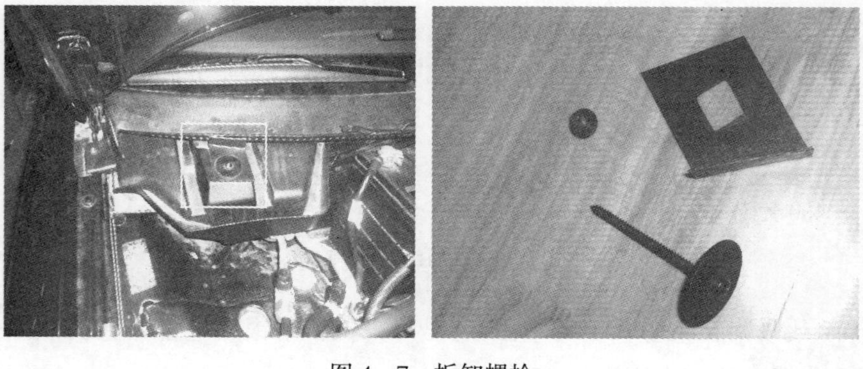

图 4－7　拆卸螺栓

(2) 取出罩盖、卡子,如图 4-8、图 4-9 所示。

图 4-8 取出卡子

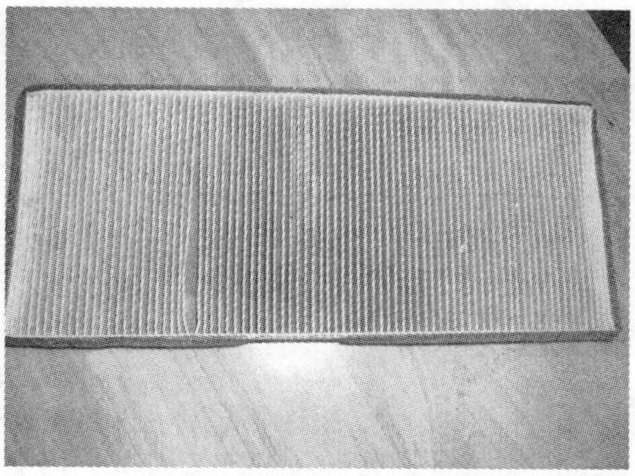

图 4-9 空调粉尘和花粉滤清器

(3) 拆卸 3 个空调粉尘和花粉滤清器支架螺栓,即可取下支架,如图 4-10 所示。

图 4-10 拆卸支架

二、制定方案

根据情境导入中的案例,需要对汽车空调粉尘和花粉滤清器进行更换。教师在组织教学的过程中,根据帕萨特领驭空调粉尘和花粉滤清器的更换方案,让学生从实训中掌握汽车空调粉尘和花粉滤清器的更换方法,如表 4-1 所示。

表 4-1 帕萨特领驭空调粉尘和花粉滤清器的更换方案表

	帕萨特领驭空调粉尘和花粉滤清器的更换方案	
车辆信息描述	车辆描述	帕萨特领驭 1.8T
	故障现象	空调风力不足,有异味

续 表

	帕萨特领驭空调粉尘和花粉滤清器的更换方案
设备/工具/耗材要求	帕萨特领驭 1.8T 乘用车 1 辆，两柱举升机 1 台，翼子板布 1 套，三件套 1 套，大众帕萨特维修手册 1 本，世达 120 件套 1 套，75 mm 十字起子 2 把，吹气枪 1 把，压缩气管路 1 套
安全要求及注意事项	1. 车辆正前方不要站人； 2. 车辆起动人员要把驻车制动拉起来，必须把换挡手柄置于空挡位置，并踩下离合器踏板，自动挡的车要位于 P 挡或 N 挡
拆卸步骤	1. 打开发动机舱盖； 2. 拧松蓄电池固定螺栓； 3. 拆卸过滤器罩盖螺栓； 4. 松开空调粉尘和花粉滤清器压片； 5. 取出空调粉尘和花粉滤清器滤芯； 6. 检测滤清器是否脏堵、用吹气枪吹干净，必要时进行更换； 7. 拆卸支架； 8. 安装支架及滤芯

教师对学生进行分组，每组选出一个小组长，小组长根据小组成员任务分工不同，确定不同任务的责任人。小组成员任务的划分可以参考下面的小组任务分配表，如表 4－2 所示。

表 4－2　小组任务分配表

	小组任务	个人职责(任务)	小组成员
1	准备工作	准备工具、耗材、检查车辆状况	
2	拆装操作	通过查阅维修手册，找出拆装步骤和注意事项	
3	清洁或更换粉尘和花粉滤清器及空调滤清器	用压缩气清洁空调粉尘和花粉滤清器及空调滤清器	
4	记录	记录操作过程及检查结果	

实训中如果没有该车型，也可以参考帕萨特领驭空调粉尘和花粉滤清器更换方案和维修手册，制定该车型空调粉尘和花粉滤清器的更换方案，如表 4－2 所示。

表 4－3　汽车空调粉尘和花粉滤清器的更换方案表

	________乘用车空调粉尘和花粉滤清器的更换方案	
车辆信息描述	车辆描述	
	故障现象	
设备/工具/耗材要求		
安全要求及注意事项		
工作步骤		

三、实施

依据制定方案实施，并填写项目单，如表 4－4 所示。

表 4－4　实训结果项目表

车型：	
操作项目	操作结果
空调粉尘和花粉滤清器更换	
空调滤清器更换	

四、作业

1. 通过实训后完善本任务的实施方案。

2. 叙述汽车空调粉尘和花粉滤清器更换的方法。

3. 叙述汽车空调滤清器更换的方法。

检查与评估

1. 学生自我检查

学生通过对任务 1 的学习，独立结合实训车辆填写学习情况检查表（表 4－5），以检测自己对任务 1 学习的掌握情况。

表 4－5 学习情况检查表

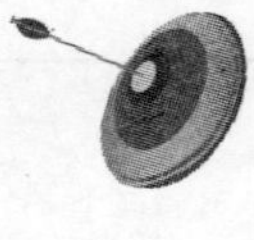	下列说法正确的画"√"，错误的画"×"	
1	掌握汽车空调通风系统的组成及工作原理	
2	能对相关元器件进行检测	
3	能更换汽车空调粉尘和花粉滤清器	
4	能更换汽车空调滤清器	

2. 指导教师评估

指导老师在整个教学过程中，关注每个活动小组的工作过程以及小组成员的动手能力，并对小组成员的动手能力进行考核，如表 4－6 所示。

表 4－6 指导教师评估表

	考核量化指标	分值（总分）	学生得分
1	能够掌握汽车手动空调通风系统的组成及工作原理	20	
2	能读懂汽车空调系统的维修手册	20	
3	熟练更换汽车空调粉尘和花粉滤清器	25	
4	熟练更换汽车空调滤清器	25	
5	团队协作能力	10	
总计			

任务2　拆装汽车空调风机

任务描述

一、学习目标

	1. 了解汽车空调通风系统的作用； 2. 熟悉各种常见车型空调风机的安装位置； 3. 掌握汽车空调风机的拆卸、安装方法

二、学习内容

	1. 汽车空调通风系统的功能； 2. 汽车空调风机的作用、常见类型； 3. 汽车空调风机的拆装

项目　拆装汽车空调风机

一、知识链接

1. 汽车空调通风系统的功能

为了确保乘客区有舒适的恒温，通风系统通常具有以下四种基本功能：间接通风；直接通风；前风窗玻璃除雾；自动和手动空气循环。

1）间接通风

一般在自动空调系统配备此功能。直接吹向人体的空气可能会让人不适或感觉风大。因此，可以通过仪表板上侧中央的上通风孔扩散间接通风，如图 4－11 所示。当自动控制运行时，空调控制模块会决定是否可以通过使用间接通风来获得所需的车内恒温。如果环境条件的变化使其他通风孔有必要打开，例如阳光照射使车内温度升高时，控制模块也可以打开此功能。

图 4－11　仪表板中央用于间接通风的出风口

图 4－12　中央直接出风口

2）直接通风

直接通风是通过仪表板后部设计面板中隐藏的出风口来进行直接通风，如图 4－12 所示。

3）前风窗玻璃除雾

加热和空调系统不仅提供手动除雾功能，还提供自动除雾功能，如图 4－13 所示。这可以防止车窗起雾，从而主动提高驾驶安全性。

图 4－13　除雾按钮

(1) 手动除霜

冬季或者是雨雪天气时，车厢内的空气温度与湿度都高于车厢外。当车厢内外存在较大的温度、湿度差值时，前风窗玻璃以及车窗内侧很容易凝结水汽，形成水雾。自动除雾功能可能无法满足需要，必须在恒温控件行中，手动选择除雾按钮。当按下除雾按钮使用除雾功能时，除了除雾通风孔外，所有通风孔均关闭。压缩机和风机以高功率输出运行。

(2) 自动除雾

空调控制模块通过测量风窗玻璃温度、空气湿度以及湿度测量位置处的相关车内温度来检测风窗玻璃的起雾情况。这三种信号都由空气湿度传感器（一般位于风窗玻璃上方）提供。如果车内空气的水蒸气有可能在车窗上凝结，则自动增大空调压缩机的功率输出，提高风扇转速，将除雾风门打开更大。然后，干燥空气会经由蒸发器和热交换器从打开的除雾通风孔吹向风窗玻璃和前部车窗。

4）空气循环

（1）手动空气循环

一般情况下，车厢外的新鲜空气经过空调粉尘和花粉滤清器、空调滤清器、风机以及各空气管道进入车厢内。在内循环模式下，空气外循环进气风门片关闭，同时空气内循环风门片打开。这样可防止环境空气中的难闻气味进入车内。手动空气循环模式不会自动关闭，如果内循环功能长时间运行，那么就不会有新鲜空气进入车内。内循环按钮如图 4－14 所示。

图 4－14　内循环按钮

（2）自动空气循环

自动内循环系统在车厢外（通常位于车辆前风窗玻璃下的流水槽处），安装有空气质量传感器，一直检查新鲜空气中的污染物浓度，如图 4－15 所示。如果在进入的空气中检测到污染物增多，例如倒车时或激活刮水/清洗功能时，恒温控制会自动切换到空气循环模式，以防止汽车排气管排出的废气进入车内。一旦不再有污染，就自动终止空气内循环模式。自动空气循环功能通常是关闭的。

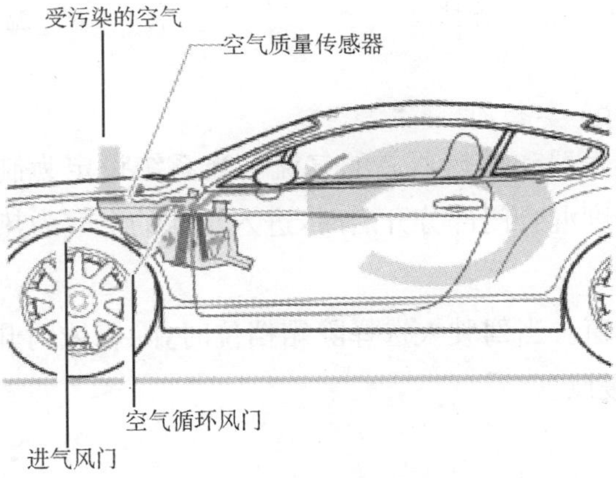

图 4－15　自动空气内循环功能

2. 汽车空调通风系统配气方式

汽车空调已由单一制冷或取暖的方式发展到冷暖一体化方式，由季节性空调，发展到全年性空调，真正起到空气调节的作用。系统根据空调的工作要求，可以将冷、热风按照配置送到驾驶室内，满足调节需要。

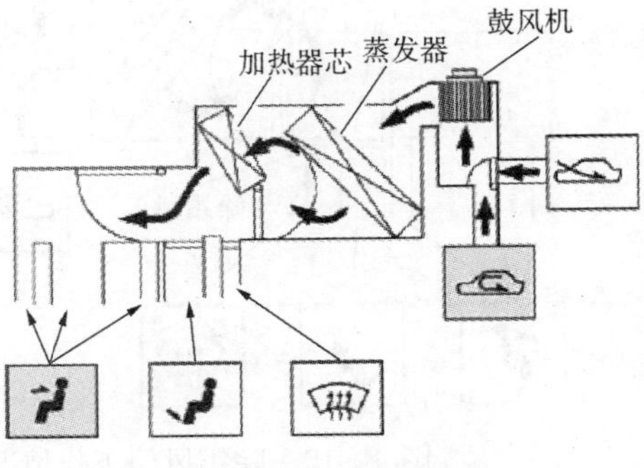

图 4－16　汽车空调送风系统

如图 4－16 所示为汽车空调配气系统的基本结构，它通常由三部分构成：第一部分为空气进入段，主要由用来控制新鲜空气和室内循环空气的风门叶片和伺服器组成；第二部分为空气混合段，主要由加热器、蒸发器和调温门组成，用来提供所需温度的空气；第三部分为空气分配段，使空气吹向面部、脚部和风窗玻璃上。它们是通过手动控制钢索(手动空调)、真空气动装置(半自动空调)或者电控气动(全自动空调)与仪表板空调控制键联接动作，执行配气工作的。

1）新鲜风/循环风门(图 4-17)

空气进入系统首先通过新鲜风/循环风门。系统或是利用汽车前进的动量或是借助风扇的力量将外界空气吸入配气系统。在正常工作时，选择新鲜风可向空调蒸发器和加热器芯提供新鲜风。如果选择的是循环风，则新鲜风门便会关闭，外界空气不能进入，同时来自空调系统的除湿风或暖风会在车内循环。

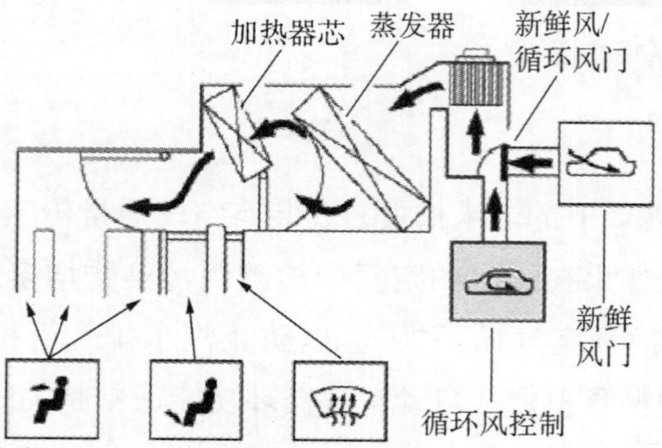

图 4-17　新鲜风/循环风门工作情况

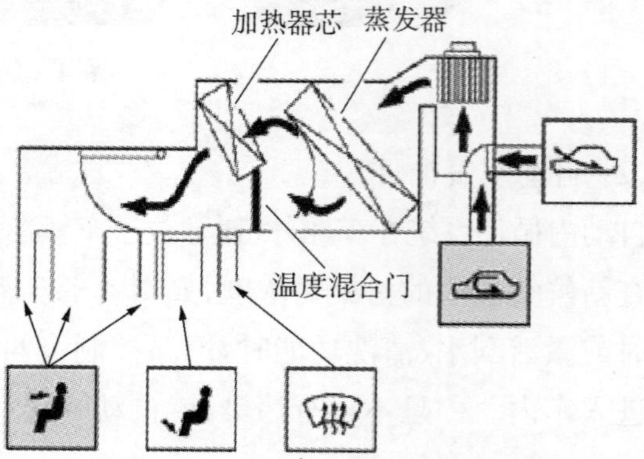

图 4-18　温度混合门工作情况

2）温度混合门(图 4-18)

温度混合门控制流向蒸发器和加热器芯的气流。当系统设定为制冷时，温度混合门阻断所有流向加热器芯的气流。当温度混合门部分开启时，进入车厢的空气为热风、非热风和冷风的混合。

3）除霜风门(图 4-19)

除霜风门将气流引向风窗。当驾驶人选择除霜档位时，除霜风门开启，地板风门与面部风站均关闭，则风窗区域提供最大暖风。

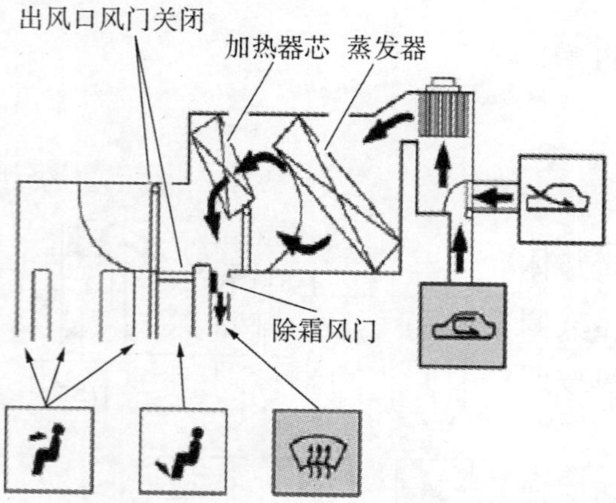

图 4-19　除霜风门工作情况

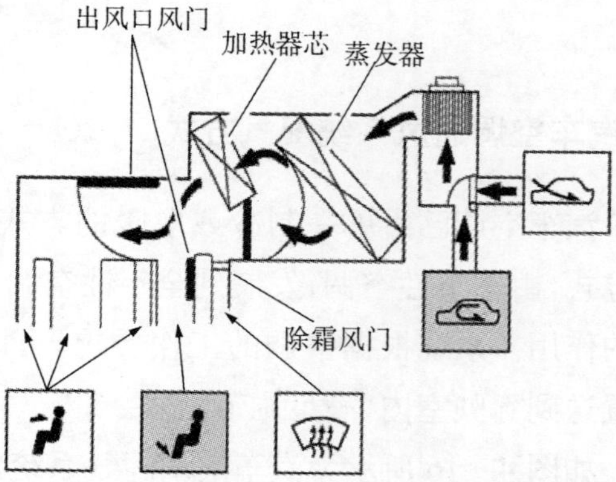

图 4-20　仪表板出风口风门工作情况

4）仪表板出风口风门(图 4-20)

仪表板出风口风门将气流引向地板出风口或面部出风口。如驾驶人选择的是双位风，则两种出风口都会出风。

5）配气控制

(1) 拉线控制(图 4－21)

拉线是空气分配风门最基本的控制形式。这种控制使用一个可绕中心转动的手动操纵杆或旋钮，在操纵杆或旋钮的另一端接有一根拉线。转动操纵杆或旋钮时，拉线便拉动与所控制风门相连的一个摇臂。这种控制形式可用于任何分配风门。

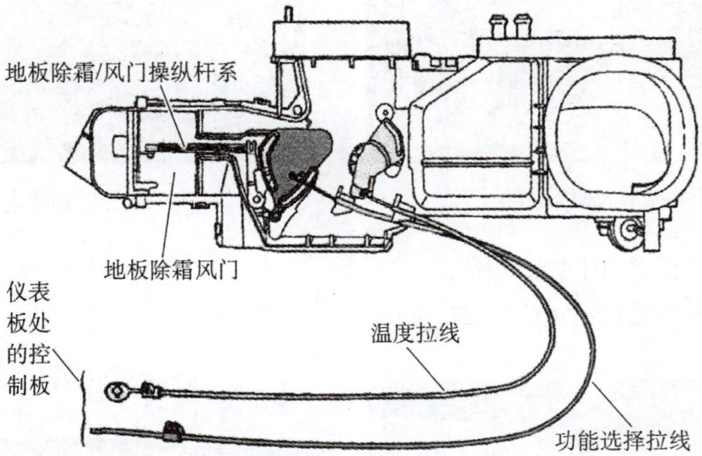

图 4－21　拉线控制

(2) 真空马达控制(图 4－22)

真空马达也由旋钮或操纵杆的位置控制。推拉操纵杆或旋钮时，真空便会克服真空马达内部橡皮膜的作用而流动。橡皮膜一侧的真空与对侧的大气压力作用于与膜片相连的一个杆件，使空气分配风门开启或关闭。

图 4－22　真空马达控制

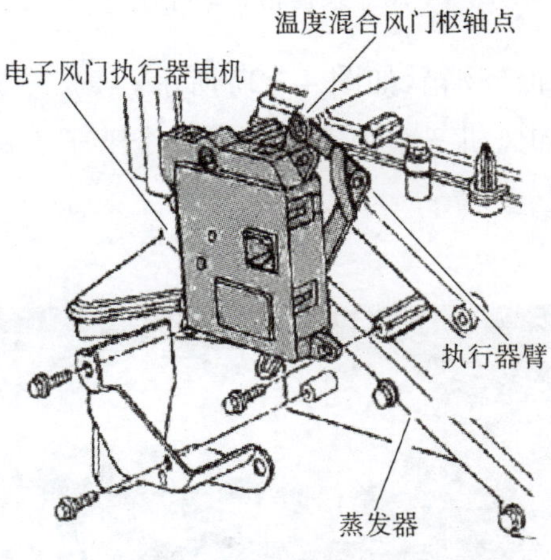

图 4－23　电子执行器控制

(3) 电子执行器控制(图 4－23)

电子执行器可以精确控制空气分配风门的开度并向控制电脑提供反馈。按钮、操纵杆或旋钮都可以用来操纵电子风门执行器。

3. 帕萨特领驭空调风机的拆装

风机位置在副驾驶侧杂物箱下方，如图 4 - 24 所示。

图 4 - 24　风机位置

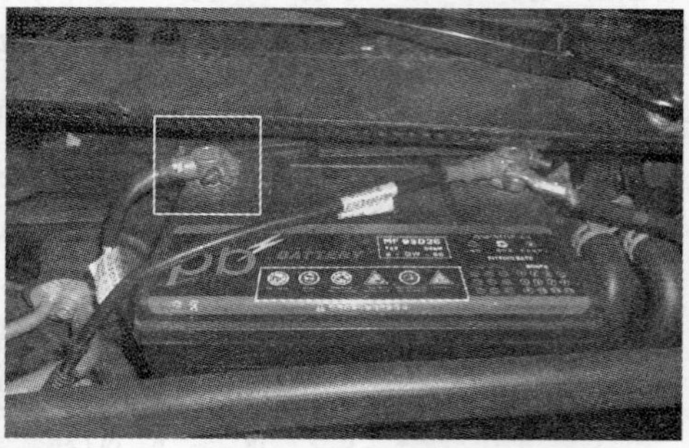

图 4 - 25　拆卸蓄电池负极

(1) 拆卸蓄电池负极，如图 4 - 25 所示。

(2) 拆卸杂物箱 5 个螺栓，如图 4 - 26 所示。

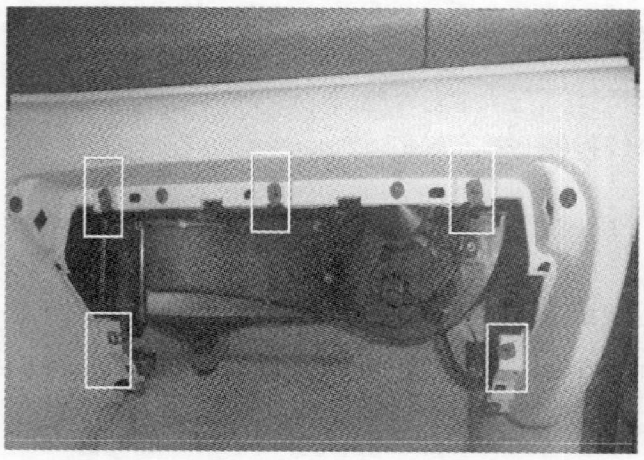

图 4 - 26　杂物箱 5 个螺栓

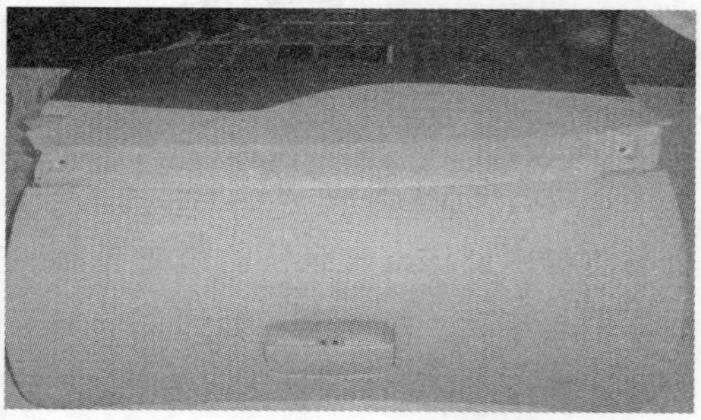

图 4 - 27　拆卸杂物箱

(3) 拆卸杂物箱，如图 4 - 27 所示。

(4) 拆卸风机 3 个固定螺栓和 1 个卡子 3 螺栓孔位置，如图 4 - 28 所示。

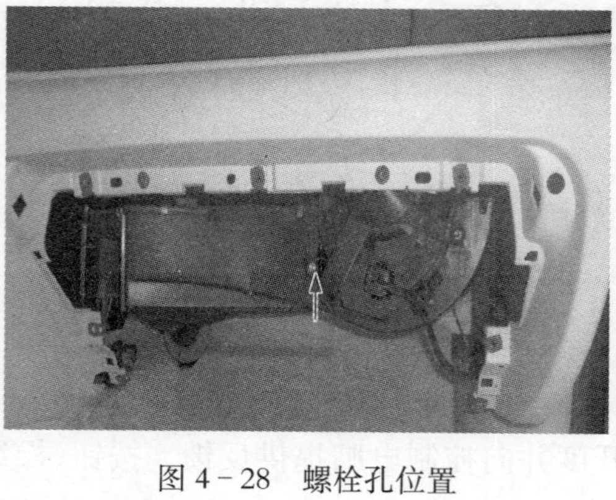

图 4 - 28　螺栓孔位置

图 4 - 29　风机

(5) 取下风机，如图 4 - 29 所示。

（6）按拆卸相反的步骤安装风机。

二、制定方案

根据情境导入中的案例，需要对汽车空调风机进行拆装。教师在组织教学的过程中，根据帕萨特领驭空调风机的拆装方案，让学生从实训中掌握汽车空调风机的拆装方法，如表 4－7 所示。

表 4－7　帕萨特领驭空调风机的拆装方案表

	帕萨特领驭空调风机的拆装方案	
车辆信息描述	车辆描述	帕萨特领驭 1.8T
	故障现象	空调不出风，风机不转
设备/工具/耗材要求	帕萨特领驭乘用车 1 辆，两柱举升机 1 台，翼子板布一套、三件套 1 套，大众帕萨特维修手册 1 本，世达 120 件套 1 套，75 mm 十字起子 2 把，汽车万用表	
安全要求及注意事项	1. 车辆正前方不要站人； 2. 车辆起动人员要把驻车制动拉起来，必须把换挡手柄置于空挡位置，并踩下离合器踏板，自动挡的车要位于 P 挡或 N 挡	
拆卸步骤	1. 打开发动机舱盖、断开蓄电池负极； 2. 拆卸副驾驶杂物箱； 3. 断开风机插头连接； 4. 松开风机 3 个固定螺栓； 5. 脱开风机固定卡子； 6. 检测风机电阻值； 7. 采用接 12 V 电源，测试风机是否运行良好； 8. 安装风机	

教师对学生进行分组，每组选出一个小组长，小组长根据小组成员任务分工不同，确定不同任务的责任人。小组成员任务的划分可以参考下面的小组任务分配表，如表 4－8 所示。

表 4－8　小组任务分配表

	小组任务	个人职责（任务）	小组成员
1	准备工作	准备工具、耗材、检测设备	
2	确认空调故障现象	操作空调控制系统，确认故障现象	
3	故障分析	通过查阅电路图及维修手册，找出可能的故障原因	
4	检测操作	检测风机	
5	记录	记录操作过程及测量结果	

实训中如果没有该车型，可以参考帕萨特领驭空调风机更换方案和维修手册，制定该车型空调风机的拆装方案，如表 4－9 所示。

表 4－9　汽车空调风机的拆装方案表

	______乘用车空调风机的拆装方案	
车辆信息描述	车辆描述	
	故障现象	
设备/工具/耗材要求		
安全要求及注意事项		
工作步骤		

三、实施

依据制定方案实施，并填写项目单，如表 4－10 所示。

表 4－10　实训结果项目表

检查项目	检查结果
鼓风机风力大小是否正常	
测量阻值	

四、作业

1. 通过实训后完善本任务的实施方案。

2. 汽车空调风机性能的检测方法。

检查与评估

1. 学生自我检查

学生通过对任务2的学习，独立结合实训车辆填写学习情况检查表（表4－11），以检测自己对任务2学习的掌握情况。

表4－11　学习情况检查表

	下列说法正确的画“√”，错误的画“×”	
1	掌握汽车空调通风系统的组成及作用	
2	掌握汽车空调通风系统的控制原理	
3	能拆装更换汽车空调风机	
4	能对相关元器件进行检测	

2. 指导教师评估

指导老师在整个教学过程中，关注每个活动小组的工作过程以及小组成员的动手能力，并对小组成员的动手能力进行考核，如表4－12所示。

表4－12　指导教师评估表

	考核量化指标	分值（总分）	学生得分
1	能够掌握汽车空调通风系统的组成及工作原理	20	
2	能读懂汽车空调系统的维修手册	25	
3	能够拆装汽车空调风机	25	
4	能够对汽车空调风机进行性能检测	20	
5	团队协作能力	10	
总计			

学习情境5　汽车手动空调控制系统故障诊断与维修

学习目标

	1. 掌握汽车手动空调控制系统的功能、组成和工作原理； 2. 了解汽车手动空调控制系统常见的故障现象与诊断方法； 3. 能分析汽车手动空调控制系统电路图； 4. 掌握检修汽车手动空调系统控制线路的方法

情境导入

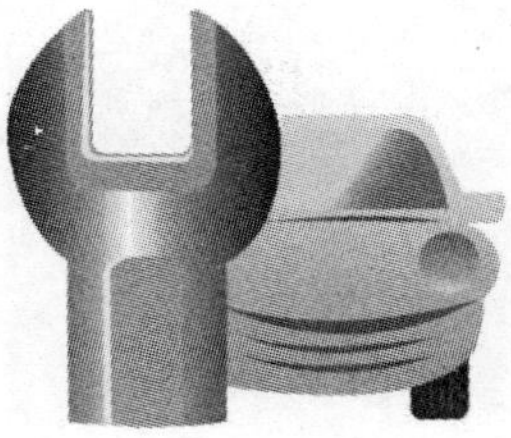	**车　　型**：大众桑塔纳3000； **行驶里程**：68 000 km； **出厂时间**：2004年。 **故障现象**： 空调没有冷风。 **故障分析**： 经检查发现空调不打开时，空调低压管路有0.7 MPa的压力；开启空调后，压力不变，同时观察到空调压缩机不工作。初步分析为空调控制电路的故障

任务　汽车空调不制冷的检测

任务描述

一、学习目标

	1. 掌握汽车手动空调控制系统的功能、组成和工作原理； 2. 了解汽车手动空调控制系统常见的故障现象与诊断方法； 3. 能分析汽车手动空调控制系统电路图； 4. 掌握检修汽车手动空调系统控制线路的方法

二、学习内容

	1. 汽车手动空调控制系统的组成和工作原理； 2. 汽车手动空调控制系统的检修方法； 3. 汽车手动空调电路系统的分析； 4. 汽车手动空调控制系统线路的检修

项目　汽车手动空调制冷控制系统的检修

一、知识链接

为了保证汽车空调系统的正常工作，维持车内需要的温度，汽车空调系统除了需要以上章节所讲的制冷回路以外，还需要一整套的控制系统，如温度控制、送风量控制、制冷剂的压力控制、流量控制、电路控制等。另外，为了使汽车空调系统能正常工作，在一些特殊情况下保护空调系统，系统内还需要保护装置和保护电路。除此之外，大部分汽车所采用的空调系统为非独立式，压缩机的工作需要消耗发动机的输出功率，这影响了发动机的动力性和经济性。为了保证汽车的各种工况都能不受空调的影响，还必须设置汽车工况控制装置。汽车空调系统按照控制系统类型可以分为手动和自动两种空调控制系统。手动空调控制系统可以手动调节温度、风机风量、空气内外循环模式以及出风模式，而自动空调控制系统可以设定一个温度值，然后由控制单元自动地控制风机风量、空气内外循环模式以及出风模式。

1. 手动空调控制系统的组成

手动空调控制系统的组成部件因车型而异，但大多数系统都由控制面板、压缩机电磁离合器、散热风扇、风机、空调压力开关、冷却液温度传感器、蒸发器温度传感器等组成。控制系统组成部件布局，如图 5－1 所示。

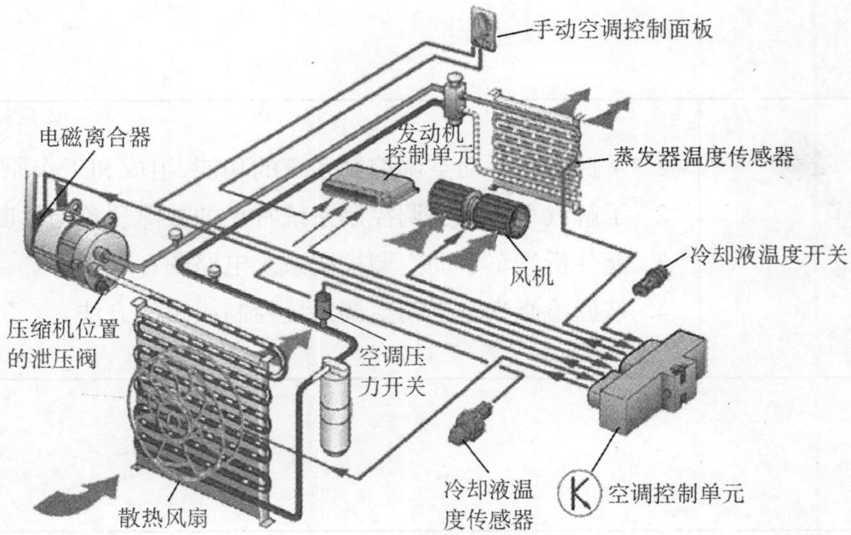

图 5－1　手动空调控制系统组成

1）控制面板

手动空调控制系统的控制面板如图 5－2 所示，由控制面板上的旋钮通过拉绳控制温度风门及空气出风口开度。

图 5－2　手动空调控制面板

左边旋钮为控制调温风门的开关，最左端代表着冷风、最右端代表着暖风。中间旋钮是风机风量开关，一般有 4 个速挡。右边旋钮为出风方式选择开关，可以分别选择新鲜空气对人体面部、脚部空间以及前风窗玻璃送风。

A/C 键为空调开关，空调开关接通后，电磁离合器建立压缩机与发动机的连接。同时，空调已打开的信号传输到发动机控制单元，发动机怠速提高以补偿压缩机工作引起的负荷。

2）压力开关

空调压力开关是一个保护开关。目前常用的是三态开关，安装在高压侧，如图5－3所示。低压保护开关在空调系统有泄漏或制冷剂少时，为了保护压缩机不损坏，而强行让压缩机停止工作。中压开关当冷凝压力偏高时，强行让冷凝风扇高速旋转，降低高压压力，增加冷凝效果。高压开关为了防止系统压力太大，导致系统爆炸等强行让压缩机停止工作。压力开关可以直接集成在线路中或与液体容器连接。

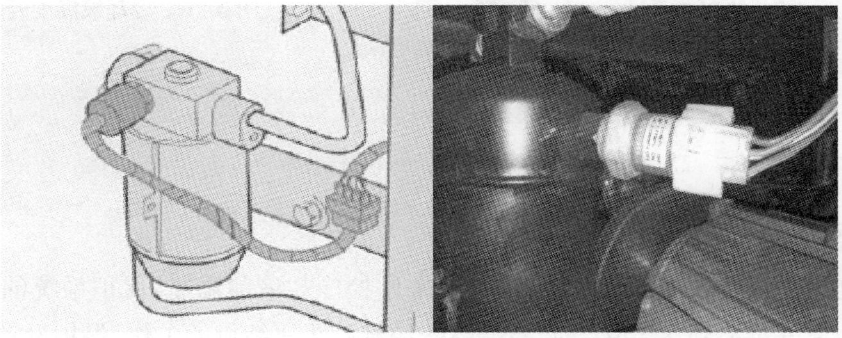

图5－3　压力开关

压力开关的工作条件如下：

（1）制冷系统压力 $P>3.14\,\mathrm{MPa}$。在压力升高至3.14 MPa时，空调控制关闭电磁离合器。此过大压力可能是系统中制冷剂过多或制冷回路内有异物堵塞等情况造成的。

（2）制冷系统压力 $P<0.196\,\mathrm{MPa}$。当压力降低至0.196 MPa以下时，空调控制关闭电磁离合器。此过低压力可能是冷却剂泄漏等情况造成的。

（3）制冷系统压力 $P>1.77\,\mathrm{MPa}$。在压力超过1.77 MPa时，空调控制冷凝风扇高速运转。在压力低于1.37 MPa时，空调控制冷凝风扇由高速运转变为低速运转。

3）高压传感器

在某些车型中，用电子压力传感器代替了空调压力开关，用于监视冷却剂回路，如图5－4所示。与压力开关类似，高压传感器集成在高压管路中，它记录下冷却剂压力并将压力的物理量转换成脉冲信号。与空调压力开关不同，传感器不仅记录已定义的压力阈值，还在整个工作循环中监视制冷剂压力。

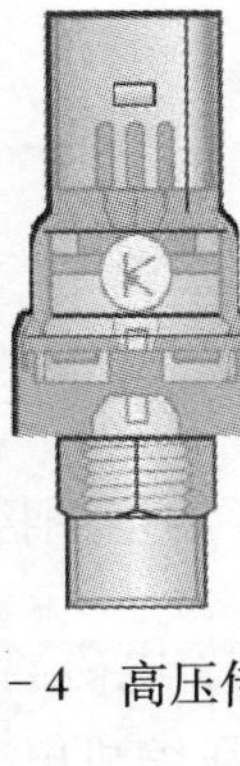

图5－4　高压传感器

高压传感器信号指示空调施加给发动机的负荷以及制冷回路中的压力状况，控制启动和停用冷凝风扇的高速挡位以及压缩机的电磁离合器。

如果高压传感器信号无法提供任何信号，空调系统将关闭压缩机，以确保安全。

4）独立的高、低压开关

在带有限流器的冷却剂回路中，低压和高压通常由两个独立的安全开关监控，如图5－5所示。例如，当制冷剂回路中的压力降至约0.196 MPa以下时，空调低压开关F73会关闭压缩机；当压力超过约3.14 MPa时，电磁离合器开关F118会关闭压缩机。

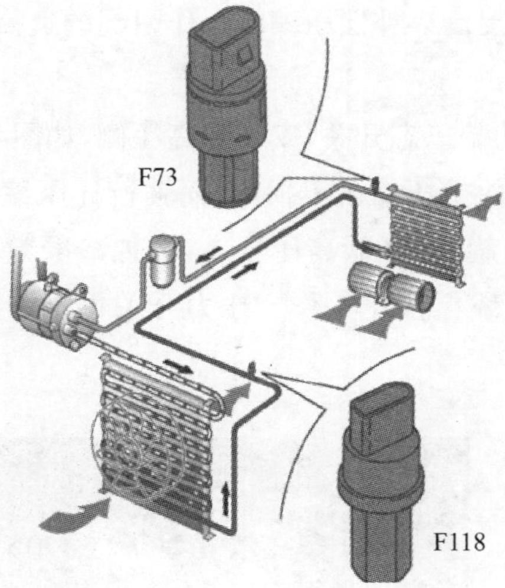

图 5-5　高、低压独立的压力开关

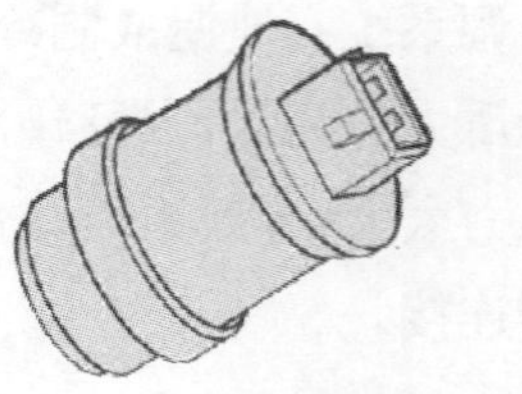
图 5-6　冷却液温度开关

5）冷却液温度开关

冷却液温度开关安装在冷却系统管路中，用来监控冷却液的温度，保护系统的安全，如图 5-6 所示。当冷却液温度过高到达 120℃时，空调系统控制停止压缩机的工作，保护发动机。

6）蒸发器温度传感器

蒸发器温度传感器用于测量蒸发器的温度，如图 5-7 所示。当蒸发器温度降到太低时，压缩机关闭；当温度为 -1℃～0℃时，压缩机关闭；在温度约为 3℃时，压缩机打开，以防止蒸发器结霜。

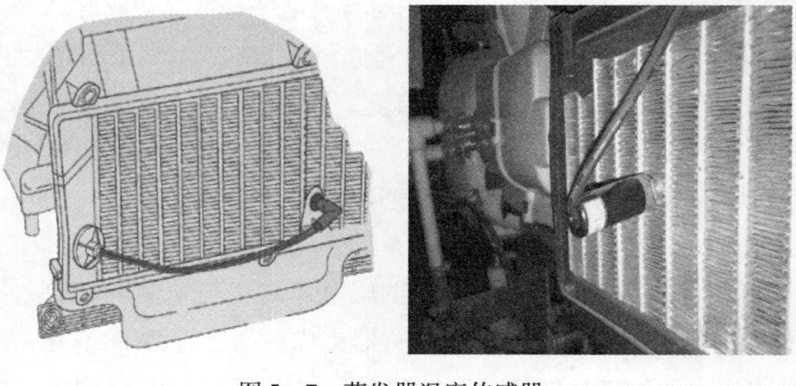
图 5-7　蒸发器温度传感器

2. 手动空调控制系统

1）电磁离合器的控制

压缩机电磁离合器控制电路中主要的控制元件有空调开关、环境温度开关、温控开关、压力开关、电磁离合器、风扇控制器等，如果其中的某一个元件发生故障，都会影响压缩机的工作。

电磁离合器用于控制压缩机和发动机带轮之间的动力连接。电磁离合器可以按照空调控制面板调整或系统指令的要求使压缩机工作或停止，它主要由定子电磁线圈、皮带轮和压力板组成。工作原理如图 5-8 所示。当有电流通过电磁线圈时，电磁线圈产生电磁力，使离合器的压力板与带轮结合，将发动机的动力传递给压缩机主轴使压缩机旋转；当电磁线圈断电时，电磁力消失，在弹簧力的作用下，压力板与带轮相脱离，压缩机便停止工作。

2）冷凝风扇的控制

发动机前方风扇既是冷却系统散热风扇，也是制冷系统冷凝风扇，风扇的正常运行是空调和发动机正常运行的基本条件。一旦冷凝器的降温能力不足，制冷剂未能足够冷却，那么空调的正常功能将不再得到保证。

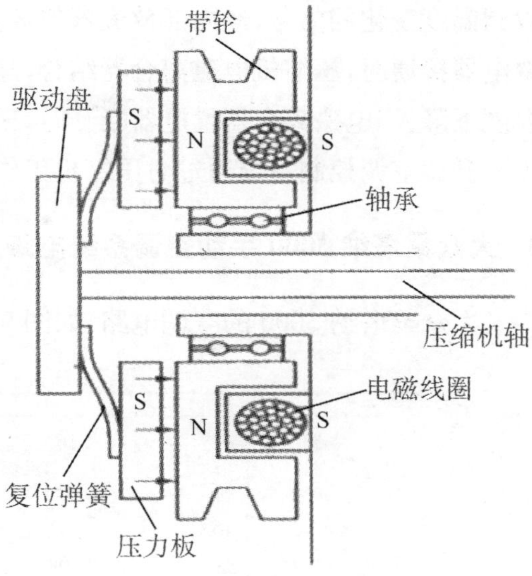

图5－8　电磁离合器工作原理图

风扇工作速度分2级，速度1为低速，速度2为高速。如果制冷剂回路中的高压大于1.6 MPa或冷却液温度高于99℃，两台风扇在速度2下运行；如果制冷剂回路中的压力低于1.6 MPa且冷却液温度低于99℃，两台风扇将再次在速度1下运行；如果发动机在空调不工作的情况下运行，则将只有冷却风扇处于运行中，风扇将根据冷却液温度在速度1或速度2下运行。

风扇的转速除了受制冷回路压力变化影响以外，还受相关的温度传感器与开关信号影响，控制过程如表5－9所示。

表5－1　影响风扇转速的信号

传感器或开关信号	散热风扇转速
冷却液温度在92℃～97℃时	双风扇串联并低速运转
冷却液温度达到101℃时	双风扇并联并高速运转
发动机熄火后，如果冷却液温度高于112℃时	风扇继续运转10 min左右后，停止
空调开关打开时	风扇低速运转
冷却液温度达到118℃时	冷却液高温报警灯点亮，风扇高速运转
制冷回路压力大于1.6 MPa时	风扇高速运转

3）风机的控制

常规的汽车空调中风机调速，采用串电阻的方式，利用回路中阻值的大小来调节电压，达到调节风机转速目的。一般低挡位串的阻值大，中挡位串的阻值小，高挡位不串电阻。这种方式原理比较简单，零部件成本也低，维修方便。

新型的汽车空调中风机调速多采用调速模块，通过PWM控制三极管的功率输出变化来改变输出电压的大小，调整风机转速。

4）温度的控制

手动空调控制系统的制冷回路与采暖系统相对独立，所以，手动空调的温度控制，主要指的是制冷回路的温度控制。手动空调控制系统最初的控制主体是驾驶人，驾驶人通过调节空调控制面板上的开关，选择所需的制冷温度、出风量以及出风模式等。在完成了最初的需求设置后，带有蒸发器温度传感器的手动空调温度控制主要通过压缩机电磁离合器的接合/断开来实现。所需要的系统部件包括蒸发器温度传感器、空调调节控制器、电磁离合器继电器及相关电路组成。控制过程如下：当蒸发器表面温度发送变化时，蒸发器温度传感器的信号电压随之变化；空调调节控制器接收到温度变化的信号，经内部放大器的放大后，用来控制电磁离合器继电器的工作。当电磁离合器继电器接通时，压缩机电磁离合器结合，建立压缩机与发动机的动力传递，压缩机工作，蒸发器内部温度下降；当电磁离合器继电器断开时，压缩机电磁离合器松开，压缩机暂时停止工作，蒸发器处温度上升。空调控制系统通过对压缩机工作的控制，使制冷温度保持在设定的范围之内。

3. 大众桑塔纳 3000 手动空调系统电路

大众桑塔纳 3000 的空调电路，如图 5－10—图 5－14 所示。

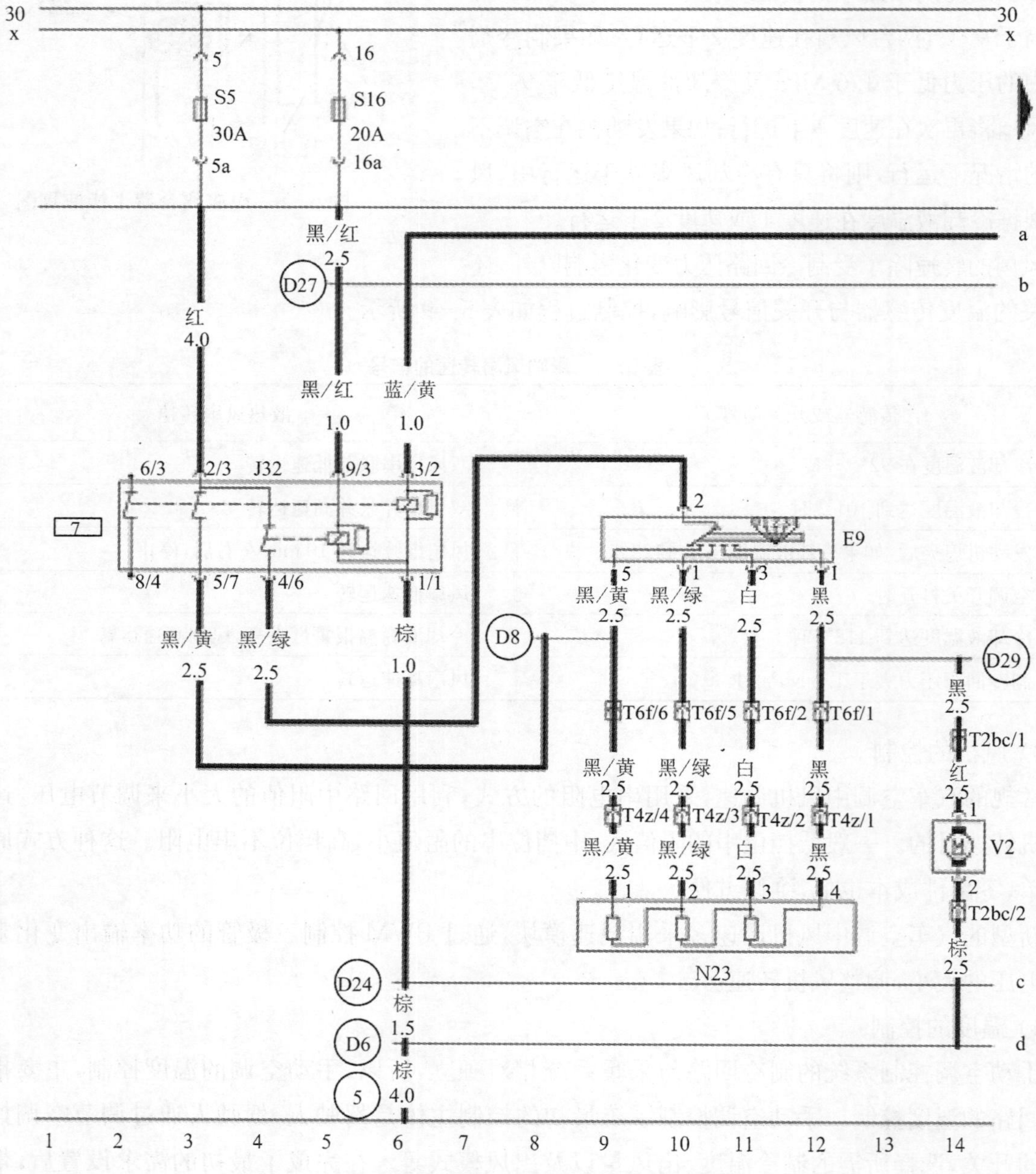

图 5－9　大众桑塔纳 3000“超越者”的空调电路(一)

E9—风速开关；J32—空调继电器在继电器—熔断丝支架上 7 号位(13 继器)；N23—风机电动机减速电阻；S5—熔断丝 5，30 A，在继电器—熔断丝支架上；S216—熔断丝 216，10 A，在发动机舱继电器—熔断丝盒内；T2bc—2 针插头，白色，在风机旁；T4z—4 针插头，黑色，在空调进风罩前方；T6f—6 针插头，黑色，在继电器—熔断丝支架顶面上(0 位)；V2—鼓风电机；D6—接地连接线，在仪表板线束内；D8—连接线，在仪表板线束内；D24—接地连接线，在仪表板线束内；D27—正极连接线(X)，在仪表板线束内；D29—连接线，在仪表板线束内；⑤—接地点，在左 A 柱上

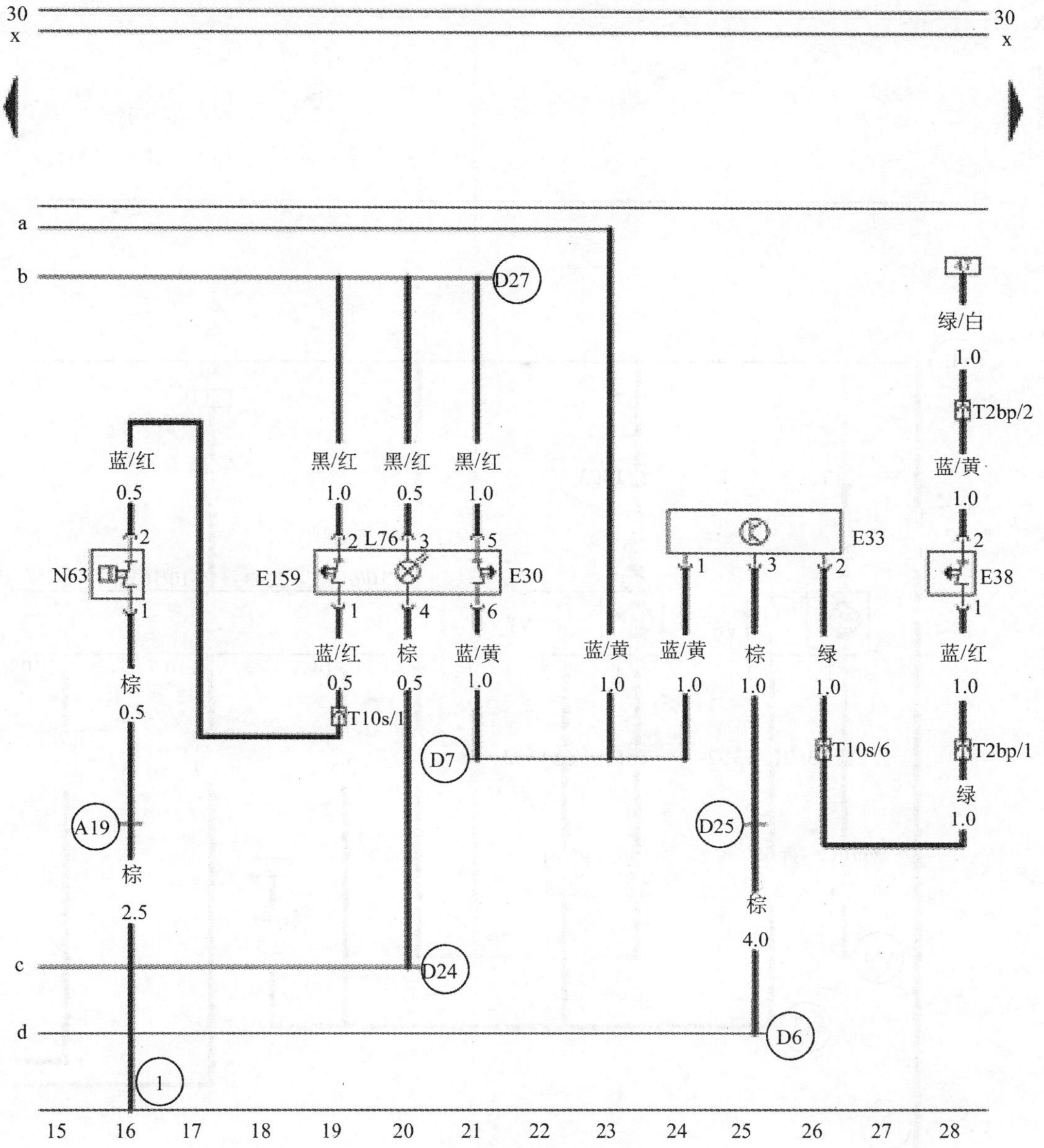

图5－10　大众桑塔纳3000“超越者”的空调电路(二)

E30—空调A/C开关；E33—冷量开关；E159—内循环开关；F38—环境温度开关；L76—按钮显示灯；N63—进风门电磁阀；T2bp—2针插头，黑色，在空调进风口左侧；T10s—10针插头，棕色，在继电器—熔断丝支架顶面上(J号位)；A19—接地连接线，在发动机线束内；D6—接地连接线，在仪表线束内；D7—连接线，在仪表板线束内；D24—接地连接线，在仪表线束内；D25—接地连接线，在仪表线束内；D27—正极连接线(X)，在仪表板线束内；①—接地点，在发动机控制单元旁车身上

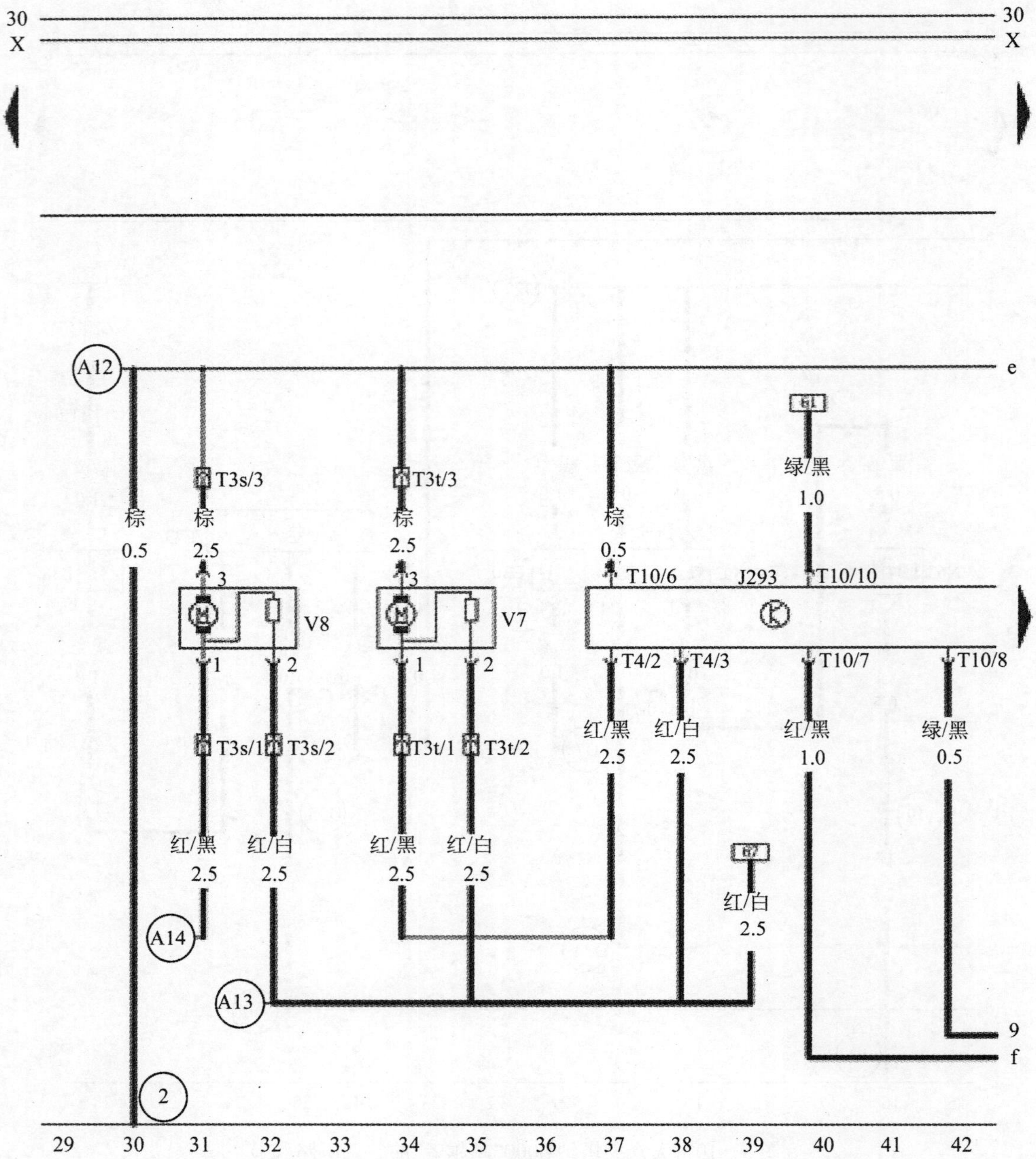

图 5－11　大众桑塔纳 3000“超越者”的空调电路(三)

J293—散热风扇控制器，在发动机舱左侧；T3s—3 针插头，黑色，在右散热风扇上；T3t—3 针插头黑色在左散热风扇上；T4 针插头，黑色，在散热风；T10—10 针插头，黑色，在散热风扇上；V7—左散热风扇；V8—右散热风扇；A12—接地连接线，在发动机线束内；A13—连接线，在发动机线束内；A14—连接线，在发动机线束内；②—接地点，在发动机舱的左面，车身左纵梁上

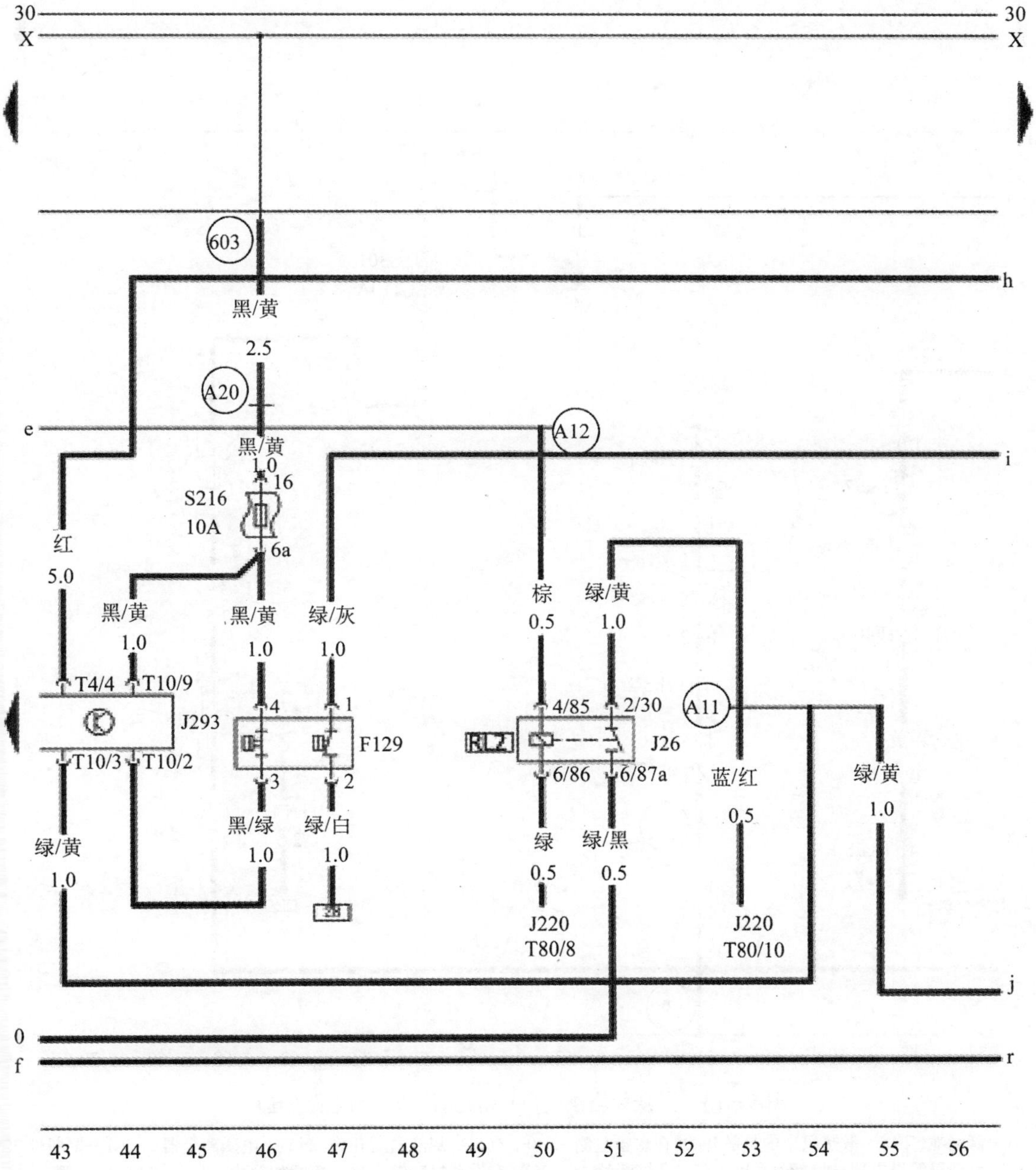

图5－12　大众桑塔纳3000“超越者”的空调电路(四)

F129—空调组合开关；J26—压缩机切断继电器，在发动机舱继电器—熔断丝盒内RL2号位；J220—Motronic发动机控制单元，空调进风罩右侧；J293—散热风扇控制器，在发动机舱左侧；S16—熔断丝16，10A，在继电器—熔断丝支架上；T4—4针插头黑色在散热风扇控制器上；T10—10针插头，黑色，在散热风扇控制器上；T80—80针插头，黑色，在发动机控制单元上；A11—连接线，在发动机线束内；A12—接地连接线，在发动机线束内；A20—正极连接线X，在发动机线束内；603—正极螺栓连接点(X)，在继电器—熔断丝支架上

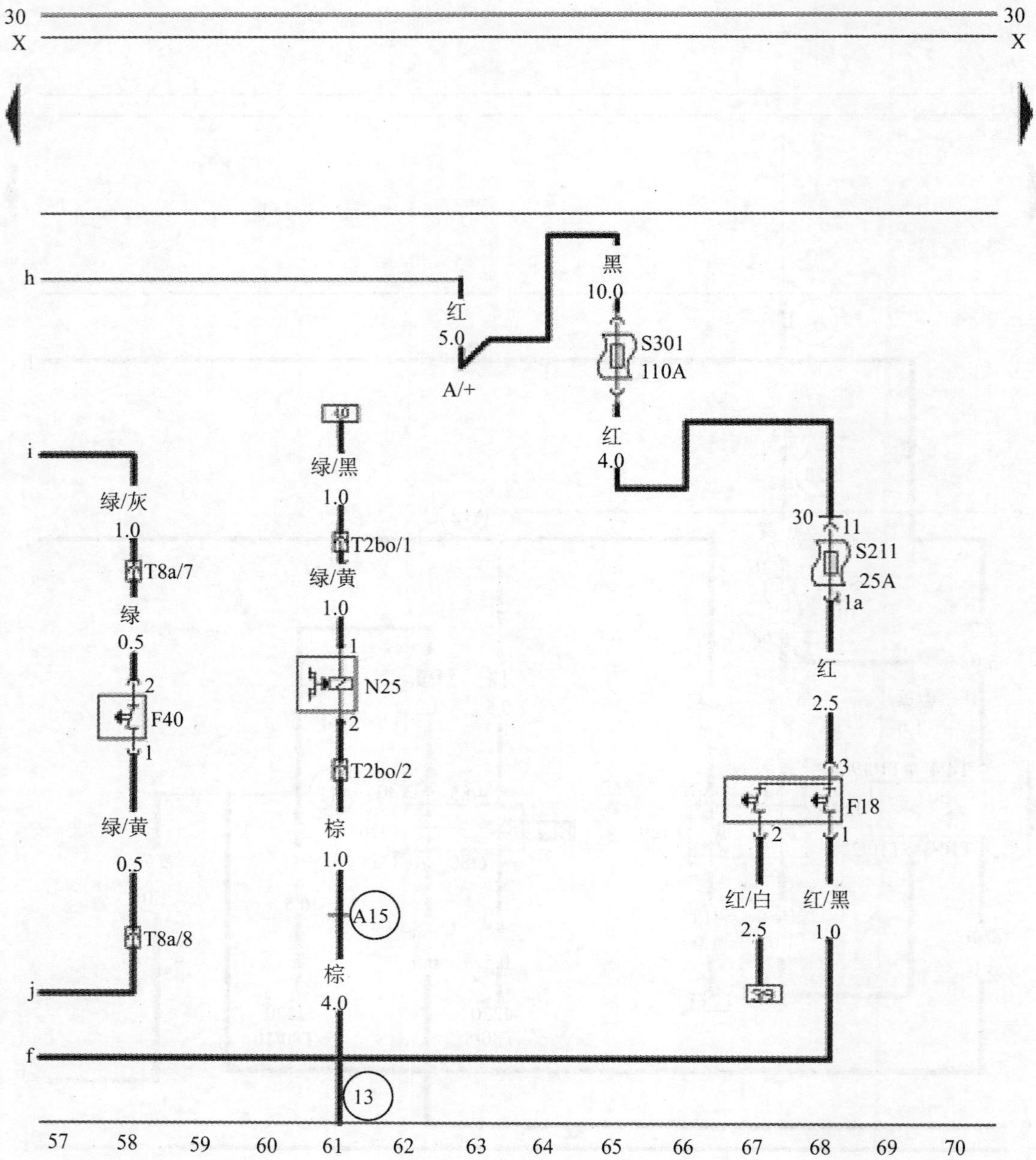

图 5-13　大众桑塔纳 3000“超越者”的空调电路(五)

A—蓄电池；F18—散热风扇的热敏开关,在水箱左侧；F40—空调冷却液温度开关；N25—电磁离合器；S301—熔断丝 301,110A,在发动机舱继电器—熔断丝盒内；S211—熔断丝 211,25A,在发动机舱继电器—熔断丝盒内；T8a—8 针插头,黑色,在发动机舱中间支架上；T2bo—2 针插头,黑色,在空调压缩机左侧；A15—接地连接线,在发动机线束内；13—接地点,在右大灯后方,右侧纵梁上面

大众桑塔纳 3000“超越者”空调电路是在大众桑塔纳 2000“时代俊杰”的空调电路基础上变化而来的,电路从左至右按主要部件的工作情况可分成三大部分。第一部分即图中页面底部索引数字 1-22 位置是风机 V2 的控电路;第二部分即图中页面底部索引数字 16-58 位置是压缩机电磁离合器线圈 N25 及内循环真空电磁阀 N63 的控制电路;第三部分即图中页面底部索引数字 31-45 及页面底部索引数字 64-68 位置为散热风扇 V7、V8 的控制电路。三方面电路互相联系互相渗透构成较完善的整个汽车空调系统的控制电路。

1）风机及其控制电路

风机在点火开关接通后即可进行控制操作。根据风机工作情况，风机电动机电路可分为二种工况。

（1）点火开关接通后满足通风或去雾除霜功能的电路分析

根据车辆通风或去雾除霜功能的要求，无论发动机处于熄火还是工作状况，都应满足车辆通风或去雾除霜功能的基本操作，为此只要点火开关接通，中央继电器盒内X线将有电，这将导致空调继电器的一组触点进入工作状态，即图中J32的3－1脚之间的线圈与对应所控制的触点，其工作状况如下：

打开点火开关使X线有电，于是X^+线→S16→$J32^+$/(3－－1)→J32/$(8--6)^+$。

（用X线右上角加＋，即X^+线表示有电。"－－"表示某个元件总成内部的连接线，"→"表示各元件之间的连接导线，$J32^+$/(3－－1)中J32表示元件名称，分母括号中3与1分别表示J32元件上的3号与1号接线柱，J32右上角的＋号表示J32的3－1接线柱之间的线圈有电，而J32/$(8--6)^+$表示J32的8－6脚之间接通）

式中由于$J32^+$/(3－－1)电磁线圈有电导致J32/$(8--6)^+$，于是产生工作电流：30号线→S5→J32/$(8--6)^+$→E9/2^+，当风机处于任意挡速度运转时，通过操作空调面板上的出风方向控制旋钮，即可改变出风的流动方向，以实现通风取暖和除霜去雾等不同功能。

（2）空调开关E30接通后风机运转的电路分析

发动机起动后，如果直接接通空调开关E30，而此时如果并没有接通风机开关E9电路，但风机仍将以最低转速自动运转，以保证汽车空调在制冷系统工作后，有循环风吹经蒸发器的散热片及蛇形管的表面，不致于引起因蒸发器表面温度太低而结霜，同时也不至于蒸发器内制冷剂由于吸收不到热量而以液态形式进入压缩机，空调开关E30接通后，可见风机运转的电路为：X线→S16→E30/(5—6)→$J32^+$/(2－－1)，J32的2－－1脚线圈有电，将导致J32/$(8--7)^+$，于是有电流：30号线→S5→J32/(8－－7)→N23/(1－－4)→V2/(1—2)→接地而直接流通，风机以最低转速挡自动运转。此时如果操作风机开关E9，仍可改变V2的转速。对于大众桑塔纳3000超越者的空调操作开关，由于在E30不工作时可单独操作E159，即图中索引编号16－19位置上，所以在进行取暖或除霜去雾工作时，可进行内外循环工作方式的切换。

2）风扇及其控制电路

风扇的运转及对应转速受到发动机冷却液温度以及空调运转及工况的双重控制。

（1）当发动机冷却液温度达到95℃时，安装在发动机散热器上热敏开关F18的低温挡触点闭合，电路中68号位置上的F18/$(1--2)^+$。V7、V8低速挡的电流路经为：A/＋→S301→S211→F18/$(1--2)^+$→V7/(2－－3)→A/－→V8/(2－－3)→接地（式中A/＋分子A表示蓄电池，分母中＋表示蓄电池正极，相应A/－表示蓄电池负极），于是风扇V7、V8以低速挡运转。

（2）当发动机冷却温度达到105℃时，电路图67号位置上的F18/$(1--3)^+$，即高速挡触点闭合，于是高速挡电流路径为：A/＋→S301→S211→F18/$(1--3)^+$→J293/T10/7，图中索引编号37－44位置J293是空调的风扇控制器，主要起到功率的放大与控制作用，用于控制风扇V7、V8及压缩机电磁离合器N25。当J293的T10/7脚接到F18/3脚高速挡运转信号后，在37号位置上J293的T4/2^+，即J293/T4/2输出高电压信号并送至31号位置V8/1脚与34号位置V7/1脚，于是V7、V8

高速运转。

(3) 当空调开关 E30/(5 -- 6)$^+$ 风扇也会低速旋转。

在电路图索引编号 19－21 号位置上，空调开关 E30/(5 -- 6)$^+$ 后，有电流：X 线→S16→E30/(5 -- 6)→E33/(1 -- 2)→F38/(1 -- 2)→F129/(2 -- 1)→F40/(2 -- 1)→J293/T10/3$^+$，当 J293/T10/3 脚接到信号后，J293 相对应的 J293/T4/3 输出端输出高电压信号至 V7、V8 的 2 脚，使 V7、V8 以低速挡运转。可见，只要空调开关 E30 合上，风扇就会低速运转，以满足空调工作时对冷凝器的冷凝要求。

(4) 运行中的空调系统在高压压力达到 1.77 MPa 时，风扇也会高速旋转。

如果运行中的空调系统在高压压力达到 1.77 MPa 时，则安装在储液干燥器上的复合压力开关 F129/(4 -- 3)$^+$(图中 46 号位置上)，于是有电流：X 线→S216→F129/(4 -- 3)→J293/T10/2$^+$，当 J293/T10/2 接受到信号后，就会控制其相应输出端 T4/2 输出高电压，该高电压通至 V7、V8 的 1 号脚，使 V7、V8 以高速挡转速旋转，以加大冷凝器的冷凝速度，直至系统压力下降到 1.37 MPa 时，F129 的 4－3 脚断开，风扇又恢复低速挡运转。

3) 电磁离合器及其控制电路

压缩机电磁离合器的控制部分，是指空调 E30 开关合上后所控制的所有电路，这些电路可分成四个部分，其中有些部分在前述电路中已介绍。

(1) 空调继电器 J32 的控制电路

在发动机工作以后，中央继电器盒内 30 号线、15 号线与 X 号线都已有电。此时合上空调开关 E30/(5 -- 6)$^+$ 便有继电器的控制电路：X$^+$ 线→S16→E30/(5 -- 6)→J32$^+$/(2 -- 1)，J32 的(2 -- 1)线圈有电，将导致风机以最低转速运转。此时如果操作风机开关 E9，则可改变 V2 的转速。

(2) 内循环真空继电器线圈 N63 控制电路

当空调开关 E30/(5 -- 6)$^+$ 合上后，E30/(2 -- 1)$^+$ 的触点也将同步合上，所以当 E30/(5 -- 6)$^+$ 合上后，即有 E30/(2 -- 1)$^+$，所以 N63 控制电路为：X 线→S16→E30/(2 -- 1)→N63(2 -- 1)接地。于是 N63$^+$ 接通了控制进气门真空电机的真空气源，真空电机通过拉杆驱动进气风门，使进风门从外循环位置转向内循环位置。

(3) 风扇控制器 J293 的空调开关 E30 信号电路

当空调开关 E30/(5 -- 6)$^+$ 合上后，就有 E30 空调开关的信号电流通到风扇控制器 J293 电路如下：X 线→S16→E30/(5 -- 6)→E33/(1 -- 2)→F38/(1 -- 2)→F129/(2 -- 1)→F40/(2 -- 1)→J293/T10/3$^+$。

F38 为环境温度开关，大约在 2℃以上为接通状态，2℃以为下断开状态。E33 为蒸发器表面防霜开关。F40 为发动机冷却液温度开关，当发动机冷却液温度在 120℃以上时切断，120℃以下则接通。F129 是安装在储液干燥器上的压力开关，其 1 中与 2 号脚是在空调系统制冷剂压力大于 0.196 MPa 及小于 3.14 MPa 时接通，而 3 号与 4 号脚则在系统制冷剂压力大于 1.77 MPa 时接通，而小于 1.37 MPa 时又切断，但此时尽管风扇控制器 J293 的 T10/3 脚已经收到 E30 开关的工作信号，然而 J293 对于压缩机电磁离合器 N25 的控制信号并不马上在 J293/T10/10 脚输出，它还要受到另外一个信号的控制，所以有下面第 4 方面的电路。

(4) 与发动机电脑 J220 相联系的控制电路

发动机控制单元J220与空调开关E30相连，还通过安装在发动机舱继电器-熔断丝盒内RL2位置上的空调压缩机切断继电器J26与风扇控制器J293/T10/8的脚相连接，对空调实现如下的控制功能：

在发动机正常工况条件下，如果接通空调开关E30，发动机控制单元会在接到空调E30信号后140 ms内接通压缩机电磁离合器线圈电路，空调便开始工作，由于空调工作要引起发动机输出功率和转速的变化，为此发动机控制单元通过节气门控制部件J338始终维持发动机怠速稳定。

另外，发动机在下列工况下，发动机控制单元将切断空调压缩机的工作：

当驾驶人急加速把加速踏板突然踩到底；

当发动机节气门控制器J338处于紧急运行模式；

当发动机冷却液温度超过120℃。

所以与发动机电脑J220相联系的控制电路如下：当发动机工作后，按下空调开关E30，E30给发动机电脑的信号电流如下：X线→S16→E30/(5--6)→E33/(1--2)→F38/(1--2)→F129/(2--1)→F40/(2--1)→J220/T80/10$^+$，如果发动机控制单元不允许空调电路工作，则J220/T80/8脚就会输出低电压信号至J26/86，否则J220/T80/8脚将会输出高电压信号至J26/86，见图中50位置，控制J26的触点保持闭合，其工作过程如下：在电路图的50位置上有：J220/T80/8$^+$→J26/(86--85)$^+$接地，如果J26/(86--85)$^+$则先前到达J293/T10/3端的空调开关E30工作信号将进一步经过J26/(30--87a)送到J293/T10/8，电流为：J293/T10/3$^+$→J26/(30--87a)→J293/T10/8$^+$，J293/T10/8收到E30/(5--6)$^+$信号后，立刻在相应输出端J293/T10/10输出高电压至压缩机电磁离合器线圈N25，使N25$^+$，压缩机电磁离合器吸合，制冷系统进行循环工作。空调冷凝散热风扇控制器J293的顶面一端有两个熔断丝，都是30A的规格，其中一个是散热风扇V7、V8的短路保护控制，另一个是压缩机电磁离合器线圈N25短路保护控制。

4. 大众桑塔纳3000空调压缩机电磁离合器不工作故障诊断与排除

空调压缩机电磁离合器不工作，对照电路图分析，可能的原因有：压缩机电磁离合器N25，压力开关F129、风扇控制器、压缩机切断继电器J26、空调开关E30、温控开关E33、冷却液温度开关F40、连接线路插头以上各个环节损坏均会造成压缩机电磁离合器不结合故障。

1) 检测流程

(1) 外观检查线路、各插接件安装是否良好，有无虚接现象。

(2) 检查电磁离合器线圈本身是否断路。

(3) 打开A/C开关，观察冷却风扇是否运转，如果风扇运转，说明从X线到风扇控制器J293的线路及元件没有问题，问题有可能出在压缩机切断继电器J26和风扇控制器本身上。

(4) 检查压缩机切断继电器及其控制线路。

(5) 检查风扇控制器。

(6) 如果打开A/C开关后，冷凝风扇和电磁离合器均不工作，说明故障出现在X线到压力开关F129之间。依次检查空调开关E30、环境温度开关F38、冷量开关E33、冷却液温度开关F40、压力开关F129等元件及连接线路的好坏。

2) 故障检测与排除

用万用表检查各个元件、线路的好坏。

(1) 电磁离合器的检测。用万用表欧姆挡检查供电端子和搭铁之间电阻应为 2～4 Ω。

(2) 空调开关 E30 的检测。检测 E30 的 5 号脚和 6 号脚，在闭合时应该导通。

(3) 室温开关 F38 的检测。室温开关为常闭开关，只有当环境温度低于 5℃时，开关断开。在室温下，检测该开关应该导通。

(4) 温控开关 E33 的检测。温控开关为常闭开关，只有当蒸发器温度低于 1℃时，开关断开。在室温下，检测该开关应该导通。

(5) 冷却液温度开关 F40 的检测。水温开关为常闭开关，检测该开关应该导通。

(6) 压力开关 F129 的检测。压力开关为三重压力开关，它由高低压开关和中压开关组成，只有当系统压力低于 0.196 MPa，高于 3.14 MPa 时高低压开关断开，切断压缩机电路。如果压力正常，检测压力开关的 1 号脚和 2 号脚应该导通。

二、制定方案

根据导入中的案例，需要对汽车手动空调制冷系统进行检修。教师在组织教学的过程中，根据大众桑塔纳 3000 手动空调制冷系统的检修方案，让学生从实训中掌握汽车手动空调制冷系统的检修方法，如表 5-2 所示。

表 5-2　大众桑塔纳 3000 手动空调制冷系统检修方案表

	大众桑塔纳 3000 手动空调制冷系统检修方案	
车辆信息描述	车辆描述	大众桑塔纳 3000
	故障现象	空调不制冷
设备/工具/耗材要求	HFTFZ2-1 型桑塔纳 3000 手动空调实训台，数字式万用表	
安全要求及注意事项	1. 车辆系统电压不得低于 12.5 V； 2. 连接电源时注意实训设备及学员的安全防护工作	
工作步骤	1. 连接实训设备电源； 2. 确认故障现象； 3. 对电磁离合器的供电进行检测； 4. 对空调开关进行检测； 5. 对环境温度开关进行检测； 6. 对蒸发器温控开关进行检测； 7. 对空调系统冷却液温度开关进行检测； 8. 对低压开关进行检测； 9. 对高压开关进行检测； 10. 对实训场地的 5S 管理	

教师对学生进行分组，每组选出一个小组长，小组长根据小组成员任务分工不同，确定不同任务的责任人。小组成员任务的划分可以参考下面的小组任务分配表，如表 5-3 所示。

表 5-3　小组任务分配表

	小组任务	个人职责(任务)	小组成员
1	任务前期准备工作	连接电源线	
2	确认空调故障现象	打开台架,操作空调控制系统,确认故障现象	
3	电路分析	通过查阅电路图,找出可能的故障原因	
4	检测操作	对相关元器件进行检测	
5	记录	记录操作过程及测量结果	

实训中如果没有该车型,可以参考大众桑塔纳 3000 手动空调制冷系统检修方案和维修手册,制定该车型手动空调制冷系统检测方案,如表 5-4 所示。

表 5-4　汽车手动空调制冷系统检修方案表

	________乘用车手动空调制冷系统检修方案	
车辆信息描述	车辆描述	
	故障现象	
设备/工具/耗材要求		
安全要求及注意事项		
工作步骤		

三、实施

依据制定方案实施,并填写项目单,如表 5-5 所示。

表 5－5　实训结果项目表

车型：

检测项目	检测结果
手动空调是否不制冷	
电磁离合器供电情况检测	
空调开关检测	
环境温度开关检测	
蒸发器温度开关检测	
空调冷却液温度开关检测	
组合开关检测	

四、作业

1. 通过实训后完善本任务的实施方案。

2. 汽车空调制冷系统设置低压开关的目的是什么？

检查与评估

1. 学生自我检查

学生通过对本任务的学习，独立结合实训车辆填写学习情况检查表（表 5－6），以检测自己对本任务学习的掌握情况。

表5-6　学习情况检查表

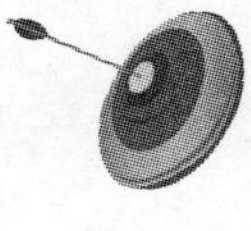	下列说法正确的画“√”，错误的画“×”	
1	掌握汽车手动空调的组成及工作原理	
2	能读懂汽车手动空调电路图	
3	能对相关元器件进行检测	

2. 指导教师评估

指导老师在整个教学过程中，关注每个活动小组的工作过程以及小组成员的动手能力，并对小组成员的动手能力进行考核，如表5-7所示。

表5-7　指导教师评估表

	考核量化指标	分值（总分）	学生得分
1	能够掌握汽车手动空调系统的组成及工作原理	20	
2	能读懂汽车手动空调系统电路图	25	
3	能够对相关元器件进行检测	25	
4	实施方案制定情况	20	
5	团队协作能力	10	
总计			

学习情境6　汽车自动空调控制系统故障诊断与维修

学习目标

1. 熟悉汽车自动空调的组成原理；
2. 掌握汽车自动空调传感器的检测；
3. 能分析汽车自动空调电路图；
4. 掌握用解码仪读取汽车自动空调故障码及数据流；
5. 熟悉对汽车自动空调故障诊断与维修方法

情境导入

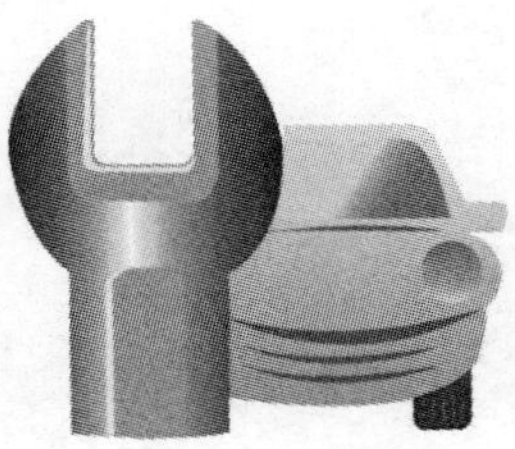

车　　型：帕萨特领驭 1.8T；

行驶里程：7 万 km；

出厂时间：2006 年。

故障现象：

空调系统无冷风输出。

故障分析：

一辆配备自动空调的帕萨特领驭轿车，客户反映空调无冷风。检查发现：打开空调时，低压管路压力为 2.6 MPa，高压管路压力为 14 MPa，制冷系统工作正常。在自动空调系统中，除了制冷系统故障会导致无冷风输出外，其他自动控制系统也会导致类似故障，初步判断为自动空调传感器或风门电机故障

任务　汽车自动空调控制系统检测与维修

任务描述

一、学习目标

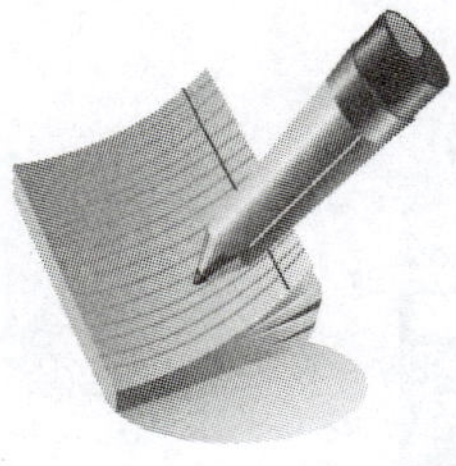

1. 熟悉汽车自动空调组成原理；
2. 掌握检测汽车自动空调传感器的方法；
3. 学会分析汽车自动空调电路图；
4. 掌握利用解码仪读取汽车自动空调故障码及数据流；
5. 完成对汽车自动空调故障诊断与维修

二、学习内容

1. 汽车自动空调的组成及工作原理；
2. 汽车自动空调传感器检测；
3. 汽车自动空调解码仪及数据流读取；
4. 汽车自动空调故障诊断方法

项目　大众帕萨特自动空调控制系统的检修

一、知识链接

1. 汽车自动空调的组成

自动空调可以根据驾驶员设定的温度，不断检测车内、车外温度，太阳辐射等车内外环境的变化，自动调节风机转速、进气模式、出风模式及压缩机运行等，保证车内温度和湿度在设定的范围内，使乘员获得最佳舒适性。

大众帕萨特自动空调控制面板如图6-1、图6-2所示。面板由温度控制开关和各功能选择键组成，按下AUTO键时，自动空调系统就可以根据设定的温度自动选择运行模式，以达到所需温度。当然，根据汽车使用中的复杂情况，也可以手动控制来取代自动调节。

图 6-1　大众帕萨特自动空调控制单元

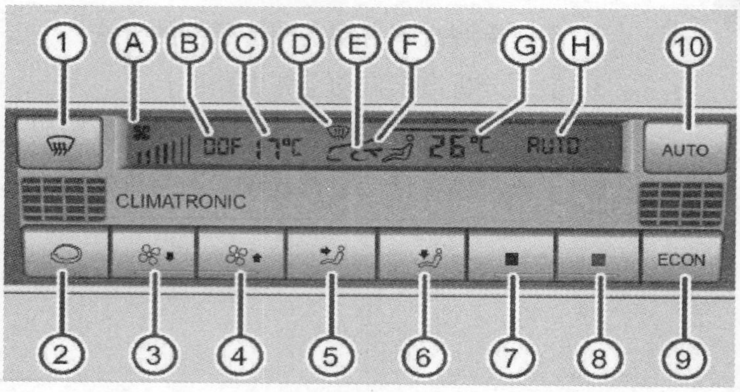

图 6-2　大众帕萨特自动空调控制面板示意图

1—风窗除霜按键；2—进气模式按键；3、4—风机转速按键；5、6—出风方式按键；7—降温按键；8—升温按键；9—经济模式按键；10—自动运行模式按键；A—风机挡位显示；C—外界温度显示；D—风窗除霜显示；E—进气模式显示；F—风向显示；G—车内设定温度显示；H—运行状态显示

帕萨特轿车自动空调控制系统由传感器、控制单元和执行器三部分组成，如图 6-3 所示。控制单元接收和计算传感器输入信号，根据环境的变化输出控制信号，控制各执行器的工作。

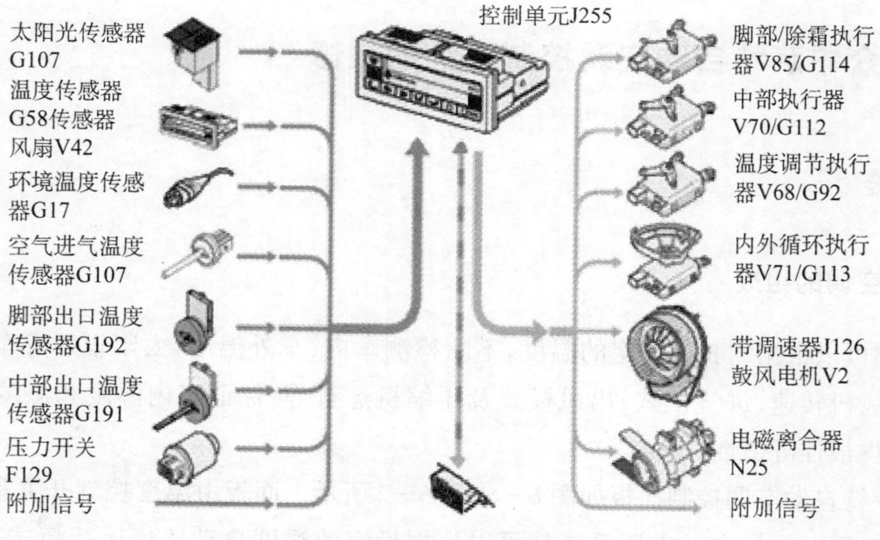

图 6-3　帕萨特轿车自动空调控制系统组成

2. 汽车自动空调电气元件的检测

1）传感器的检测

（1）传感器安装位置

大众帕萨特自动空调传感器主要由环境温度传感器、新鲜空气温度传感器、中央出风口温度传感器、脚部出风口温度传感器，以及太阳光照传感器等组成。各传感器安装位置，如图 6－4 所示。

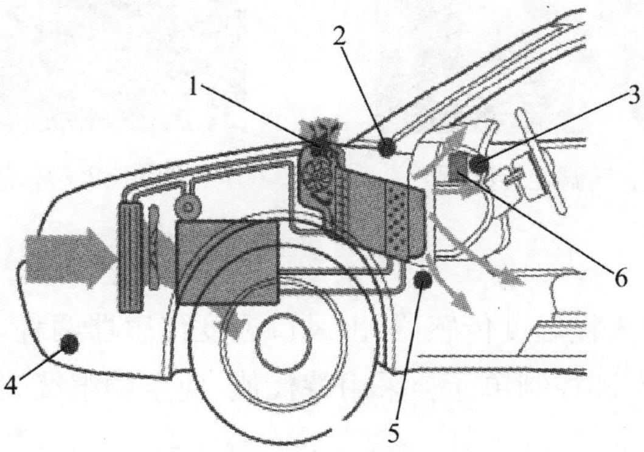

图 6－4　汽车自动空调传感器安装位置

1—新鲜空气进气温度传感器；2—太阳光照传感器；3—仪表板温度传感器；
4—环境温度传感器；5—脚部出风口温度传感器；6—自动空调控制单元

（2）传感器工作原理及检测

① 车外温度传感器

外温度传感器一般包括环境温度传感器和新鲜空气温度传感器，环境温度传感器安装在车辆保险杠内或冷凝器的前方，新鲜空气温度传感器一般安装在风机前方空气入口处。两个传感器均可测量室外温度。如果外界温度低于驾驶人预先设置的座舱温度，就不需要开启压缩机。两个传感器有一个失效，则以另一个传感器测量为准。车外温度传感器类型均为负温度系数电阻，如图 6－5 所示。

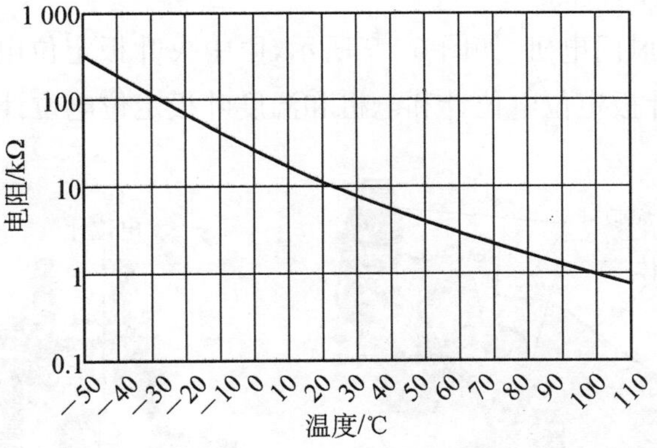

图 6－5　负温度系数电阻

负温度系数电阻阻值随着温度的升高而降低，随着阻值的变化，传感器产生的信号电压也随之变化，控制单元根据信号电压的变化来控制出风量。新鲜空气温度传感器，如图 6－6 所示，环境温度传感器，如图 6－7 所示。

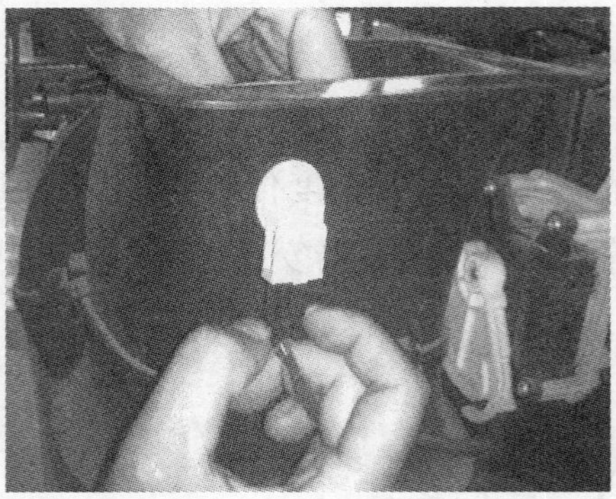

图 6－6　新鲜空气温度传感器

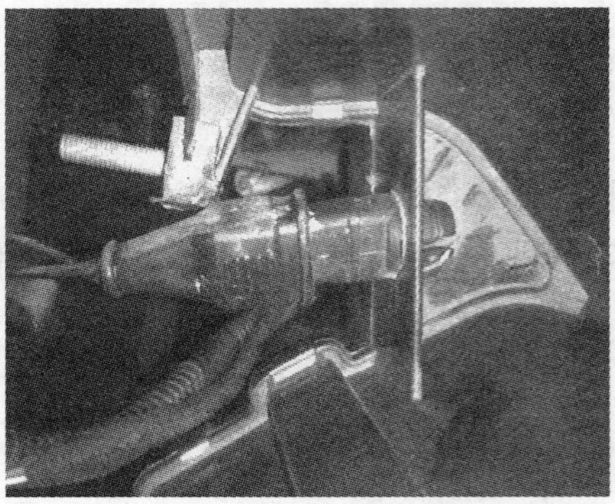

图 6－7　环境温度传感器

② 车内温度传感器

车内温度传感器包括仪表板温度传感器、出风口温度传感器两种，作用是控制温度风门位置和风机转速。传感器失效时，空调控制单元会采用替代值，使空调继续工作。车内温度传感器类型也为负温度系数电阻型。

③ 阳光强度传感器

图 6－8　阳光强度传感器

阳光强度传感器如图 6－8 所示，一般安装在驾驶室仪表台上方，前风窗玻璃底部。太阳光照射传感器根据阳光强弱修正温度风门的位置和风机的转速。阳光增强时，温度风门移向“冷”侧，风机转速提高；反之，光照减弱时，温度风门移向“热”侧，风机转速降低。光照传感器采用光敏二极管类型，如果无阳光照射时，二极管电流极小；如果受到阳光照射，光电二极管产生的电流增大。阳光越强，电流越大。电流增大意味着阳光增强，控制单元相应调节车内温度。如果阳光强度传感器的信号中断，控制单元就采用一个预置的平均值来代替阳光强度传感器的信号。

2）风门电机及电位计的检测

大众帕萨特自动空调风门电机，如图 6－9 所示，由中央叶板定位电位计和电机、搁脚除霜叶板定位电位计和电机、送风叶板定位电位计和电机和温度叶板定位电位计和电机组成。

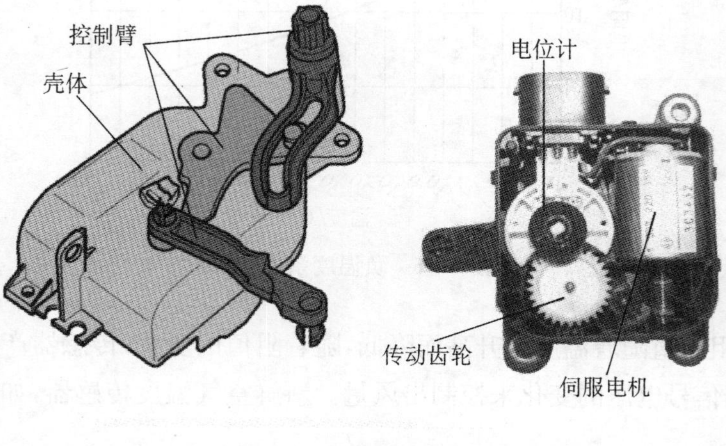

图 6－9　风门电机外形图

由风门电机电路(图 6－10)可以看出，每个电机和电位计由五根线连接，在点火开关打开的情况下，1 号脚应为 5V 电源线，2 号脚与自动空调控制单元(J255)连接为电位计信号线，3 号脚为搭铁线，4 号脚和 6 号脚为电机供电线路，其中风门在打开时，6 号脚电压应为蓄电池电压，风门关闭时，4 号脚电压为蓄电池电压。

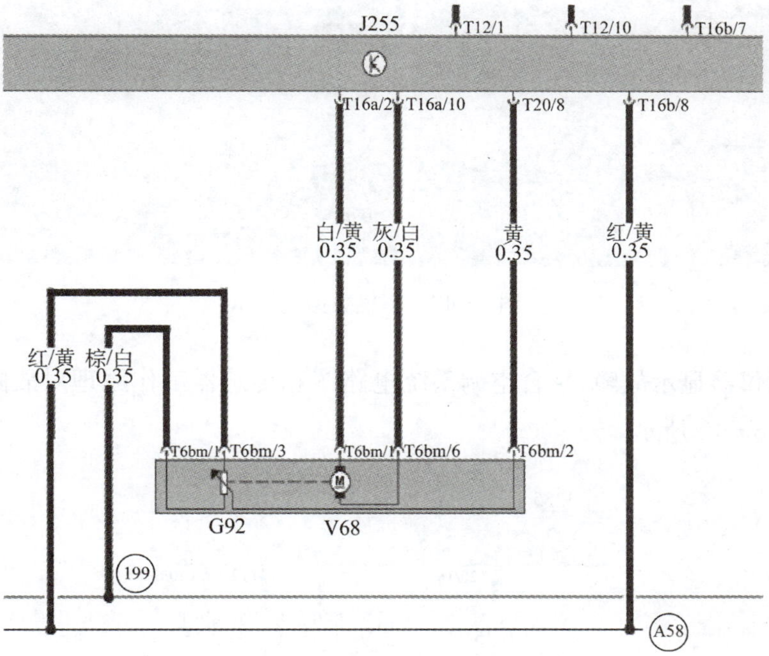

图 6－10　风门电机电路图

3. 自动空调控制系统故障诊断流程

按照维修流程，从常规检查开始，从先简后难，逐步深入。

(1) 用解码仪对车辆进行测试，读取车辆所有控制模块相关信息；

(2) 查看空调系统控制单元 J255 可有相关故障码；如有相关故障码，按照电脑引导进行操作，如果不能排除，根据故障现象，运用功能、原理图进行分析；

(3) 查看空调电脑 J255 电脑的参数设定，必要时进行软件升级

(4) 运用电路图进行分析，查找能影响故障的原因，空调系统电路图。

(5) 起动车辆，打开空调，连接空调压力表，如系统压力正常，压缩机、风机均正常工作但空调无冷风，故障点可能出在温度传感器以及风门电机处，选择空调面板上的出风位置按键，观察风门电机是否工作，如按下按钮后，如电机不动作，则根据空调系统电路图和电机和电位计工作原理进行排查。如风门电机正常工作，连接诊断仪，选择 08 空调及加热系统，读取故障码，如图 6－11 所示。

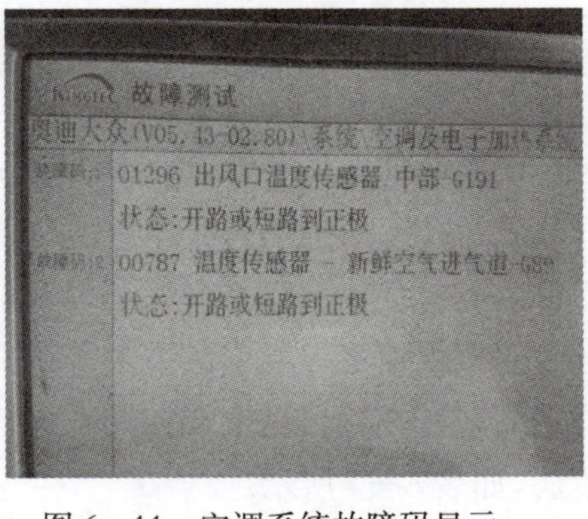

图 6－11　空调系统故障码显示

读取车辆故障码后，选择清除故障码，如清码后故障依然存在，则为真实存在故障。除了通过读取故障码确认车辆故

障外，还可以通过读取数据流的方式判断车辆故障。连接诊断仪，选择 08 空调及加热系统，选择车辆数据流读取，选择 06，07 通道为空调传感器温度显示通道，如图 6－12 所示。

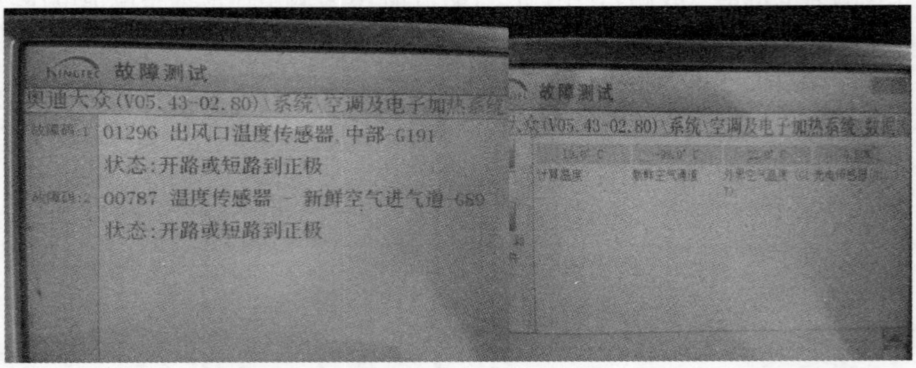

图 6－12　车辆数据流显示

(6) 根据诊断仪器显示故障，结合空调系统电路图和传感器工作原理对故障点进行检修，空调系统电路图，如图 6－13 所示。

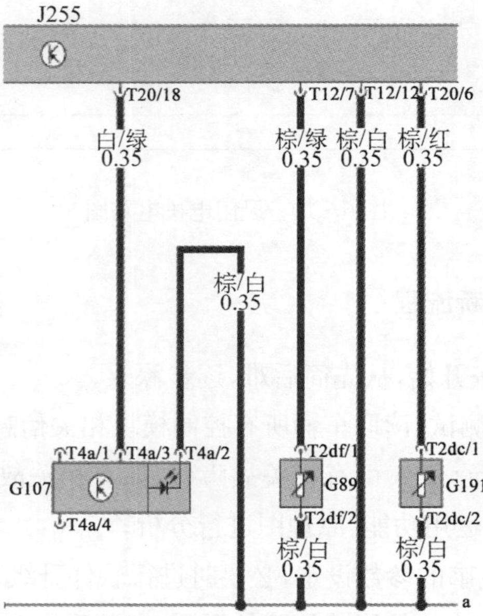

图 6－13　帕萨特轿车自动空调电路图

G89—新鲜空气温度传感器；G191—中央通风口温度传感器；a—搭铁线

(7) 检测完毕后，连接诊断仪，清除系统内存储故障码，观察空调系统是否正常工作。

二、制定方案

根据情境导入中的案例，需要对汽车自动空调控制系统进行检修。教师在组织教学过程中，根据帕萨特领域自动空调控制系统检修方案，让学生从实训中掌握汽车自动空调控制系统的检修方法，如表 6－1 所示。

表6-1　帕萨特领域自动空调控制系统检修方案表

	帕萨特领域自动空调控制系统检修方案	
车辆信息描述	车辆描述	帕萨特领域 1.8T
	故障现象	自动空调出风口无冷风
设备/工具/耗材要求	帕萨特领域自动空调试验台，万用表、诊断仪、电工胶布、常用工具等	
安全要求及注意事项	1. 遵守操作规章流程以及合理的拆修顺序，保持实训场地清洁； 2. 连接电源时注意实训设备及学员的安全防护工作； 3. 使用诊断仪器时，注意诊断仪器操作步骤	
工作步骤	1. 连接实训设备电源； 2. 利用诊断仪对空调系统进行测试，读取故障代码及数据流； 3. 根据车辆故障代码显示，结合电路图检测相关电器元件及线路； 4. 通过测量值与正确数值对比，判断故障点； 5. 故障修复后，用诊断仪删除故障码	

教师对学生进行分组，每组选出一个小组长，小组长根据小组成员任务分工不同，确定不同任务的责任人。小组成员任务的划分可以参考下面的小组任务分配表，如表6-2所示。

表6-2　小组任务分配表

	小组任务	个人职责（任务）	小组成员
1	任务前期准备工作	准备该任务的设备、工具、耗材	
2	安全检查	主要负责设备使用情况和操作工作的安全监督	
3	读取车辆故障码及数据流	利用诊断仪器对车辆故障码和数据流读取	
4	判断故障点，检修元器件	根据诊断仪器显示故障码，对出现故障电器元件和线路进行检修	
5	删除存储故障码	电器元件或线路修复完毕后，利用诊断仪器删除存储故障码	
6	竣工检查工作	检查系统是否正常工作，所用设备、器材是否齐全	
7	5S场地清洁	时刻遵守车间场地规则，听从现场指挥	

实训中如果没有该车型，可以参考帕萨特领域自动空调控制系统检修方案和维修手册，制定该车型自动空调控制系统检修方案，如表6-3所示。

表 6－3　汽车自动空调控制系统检修方案表

	______乘用车自动空调控制系统检修方案	
车辆信息描述	车辆描述	
	故障现象	
设备/工具/耗材要求		
安全要求及注意事项		
工作步骤		

三、实施

依据制定方案实施，并填写项目单，如表 6－4 所示。

表 6－4　实训结果项目表

车型：			
1. 故障诊断仪检测	读取故障码		
	读取空调控制电脑相关数据流	外界温度	
		出风口温度	
		风门位置	
2. 万用表检测	测量环境温度传感器信号电压		
	测量风门电位计电压		

四、作业

1. 通过实训后完善本任务的实施方案。

2. 叙述大众帕萨特自动空调工作原理。

3. 叙述环境温度传感器检测方法。

检查与评估

1. 学生自我检查

学生通过对本任务的学习，独立结合实训车辆填写学习情况检查表（表 6－5），以检测自己对本任务学习的掌握情况。

表 6－5　学习情况检查表

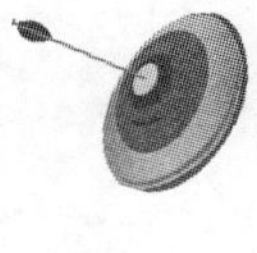	下列说法正确的画“√”，错误的画“×”	
1	汽车自动空调由传感器、控制电脑、执行器三部分组成	
2	新鲜空气温度传感器电阻随着温度的上升阻值变大	
3	环境温度传感器损坏后空调制冷系统仍然可以工作	
4	出风口风门电位计信号电压应为蓄电池电压	
5	汽车自动空调无自诊断功能	

2. 指导教师评估

指导老师在整个教学过程中，关注每个活动小组的工作过程以及小组成员的动手能力，并对小组成员的动手能力进行考核，如表 6－6 所示。

表 6-6 指导教师评估表

	考核量化指标	分值(总分)	学生得分
1	能时刻注意保护实训设备的安全	5	
2	能时刻注意自我人身保护	10	
3	设备使用熟练程度	10	
4	能够积极完成本职工作	10	
5	团队协作能力	10	
6	能够准确找到传感器位置	15	
7	能够使用万用表、解码仪对空调系统电器元件进行检测	20	
8	能够独立完成测量方案表	10	
9	能够完成自我评估表	10	
总计			